Sigmund von Raumer

Die Metapher bei Lukrez

Sigmund von Raumer

Die Metapher bei Lukrez

ISBN/EAN: 9783743381834

Hergestellt in Europa, USA, Kanada, Australien, Japan

Cover: Foto ©Thomas Meinert / pixelio.de

Manufactured and distributed by brebook publishing software (www.brebook.com)

Sigmund von Raumer

Die Metapher bei Lukrez

PROGRAMM

des

kgl. bayer. Gymnasiums zu Erlangen

zum

Schlusse des Schuljahres 1892/93.

Die

Metapher bei Lucrez

von

Sigmund von Raumer,
kgl. Gymnasiallehrer.

ERLANGEN.
Druck der Universitäts-Buchdruckerei von E. Th. Jacob.
1893.

Der

Königlichen Friedrich-Alexanders-Universität

ERLANGEN

zu der Feier

ihres 150 jährigen Bestandes

mit herzlichem Glückwunsche

gewidmet

von dem

Lehrerkollegium des kgl. Gymnasiums

Erlangen.

Benützte Ausgaben.

T. Lucreti Cari de rerum natura libri sex. Recognovit Jacobus Bernaysius. Lipsiae. Teubner 1881. (Nach dieser Ausgabe ist in vorliegender Arbeit citiert.

T. Lucreti Cari de rerum natura libri sex. Carolus Lachmannus recensuit et emendavit. Ed. IV. Berolini 1871.

An kritischen Stellen wurde auch die Ausgabe von Munro zum Vergleich herangezogen.

Plautus herausgegeben von Ritschl, Löwe, Götz, Schöll. Bonn.

Terenti comoediae ed. Fleckeisen. Teubner 1884.

Catulli carm. ed. Luc. Müller. Teubner 1883.

Baehrens, fragmenta poet. Rom. Lipsiae. Teubner.

M. Tulli Ciceronis ad M. Brutum orator. F. Heerdegen. Teubner 1884.

M. Tulli Ciceronis de oratore libri tres. Reinholdus Klotz. Teubner 1879.

M. Tulli Ciceronis de natura deorum libri tres. Schoemann. Teubner 1876.

Diogenes Laertius. ed. Hübner. Leipzig, Köhler 1833. (Alle Citate aus Diogenes Laertius beziehen sich auf das X. Buch).

Benützte Hilfsmittel.

Usener, Epicurea. Lipsiae. Teubner 1887.

Max Müller, Wissenschaft der Sprache. Deutsch von Böttger. Leipzig bei Gustav Mayer. 1866.

Brinkmann, die Metaphern. Studien über den Geist der modernen Sprachen. Bonn bei Markus. 1878.

Pecz, Beiträge zur vergleichenden Tropik der Poesie. I. Teil. Berlin 1886 Calvary u. Comp.

Gerber, die Sprache als Kunst. Bromberg bei Mittler. 1873 74.

Volkmann, die Rhetorik der Griechen und Römer. Leipzig 1885.

De translationum quae vocantur apud Curtium usu commentatio. Scripsit Julius Mützell. Berolini 1842.

Carol. Spangenberg, de Lucreti Cari tropis. Diss. inaug. Marburg 1881.

Woltjer, Lucreti philosophia cum fontibus comparata. Diss. inaug. Groningae. Noordhoff 1877.

Wortmann, de comparationibus Plautinis et Terentianis ad animalia spectantibus. Diss. in. Marburg 1883.

Graupner, de metaph. Plaut. et Terent. Diss. in. Vratislaviae 1874.

Goldmann, Die poetische Personification in der Sprache der alten Komoediendichter. I. Plautus. Progr. der lat. Hauptschule zu Halle. Waisenhaus 1885.

Goldmann, Ueber die poetische Personification bei Plautus. Halle 1887. Programm.

Gerdes, de translationibus quae dicuntur Terentianis. Programm des Gymn. zu Leer. 1884.

A. Inowraclawer, de metaphorae ap. Plautum usu. Rost. 1876. diss. inaug.

Peter Langen, Ueber den Gebrauch der Metapher im Lateinischen von Plautus bis Terenz. Jahrb. für Phil. u. Pädagogik. Fleckeisen. 125. 1882.

Dressler, 'de troporum qui dicuntur apud Catullum usu.' Programm. Wien 1882.

Wilh. Ebrard, die Allitteration in der lateinischen Sprache. Bayreuth 1882. Gymnasialprogramm.

Es ist mir eine angenehme Pflicht an dieser Stelle derer zu gedenken, welche mir bei meiner Arbeit fördernd zur Seite standen. In erster Linie gilt mein Dank meinen hochverehrten Lehrern, Herrn Professor Dr. Iwan von Müller und Herrn Professor Dr. Heerdegen, die mich veranlassten, die nunmehr abgeschlossen vorliegende Arbeit zu unternehmen und mir ihren erprobten Rat bei Ausführung derselben nicht vorenthielten. Dann aber möchte ich hier auch meiner lieben Collegen, der Herren Dr. Wunderer und Dr. Schöner, nicht vergessen, welche in aufopfernder Weise mich bei der Korrektur der Arbeit unterstützten und durch freundschaftliche Kritik zur Vervollkommnung derselben beitrugen.

Die Ansichten der Alten über das Wesen und die Bedeutung der Metapher finden wir in der grundlegenden, trefflichen Abhandlung Mützells 'de tralationum quae vocantur apud Curtium usu.' Berl. 1842 aufs ausführlichste und sorgfältigste dargelegt. Hier mag es genügen, darauf hinzuweisen, dass Aristoteles, der zuerst eingehender von den Metaphern handelt, unter diesem Worte nicht nur das, was wir heutzutage Metapher nennen, begreift, sondern auch das, was später Metonymie und Synekdoche genannt wurde. Es deckt sich bei ihm also der Begriff der Metapher mit dem des Tropus überhaupt[1]). Dieser Anschauung schliessen sich aber die späteren griechischen und römischen Rhetoren nicht an. So sagt Cornificius (rhetor. ad Her. IV, 34): 'translatio est, quom verbum in quandam rem transfertur ex alia re, quod propter similitudinem recte videbitur posse transferri. Ea utimur rei ante oculos ponendae causa, brevitatis causa, augendi causa.' Dass diese Definition hinsichtlich der aufgeführten Ursachen der Metapher nicht geschickt und noch viel weniger erschöpfend ist, ist klar. Treffender schreibt Cicero (de oratore III, 38. §. 155 ff.): 'tertius ille modus transferendi late patet, quem necessitas genuit inopia coacta et angustiis, post autem iucunditas delectatioque celebravit.... Ergo hae tralationes quasi mutuationes sunt, cum quod non habeas aliunde sumas: illae paulo audaciores, quae non inopiam indicant sed orationi splendoris aliquid arcessunt; quarum ego quid vobis aut inveniendi rationem aut genera ponam? Similitudinis est ad verbum unum contracta brevitas, quod verbum in alieno loco tamquam in suo positum, si agnoscitur, delectat, si simile nihil habet, repudiatur.'

Wir sehen hier das ganze grosse Gebiet der Metapher nach Ursache und Zweck des Tropus in zwei Bezirke geteilt: I) Metaphern, welche durch den Mangel eines treffenden Ausdrucks hervorge-

---

1) S. Mützell a. a. O.

rufen wurde. II) Metaphern, welche dem Schmucke der Rede dienen. Auch diese Einteilung befriedigt freilich nicht vollständig.

Eine andere Gliederung, deren sich die alten Schriftsteller mit Vorliebe bedienten, ist folgende: 1) Belebtes wird übertragen auf Belebtes, 2) Unbelebtes auf ebensolches, 3) Belebtes auf Unbelebtes und 4) Unbelebtes auf Belebtes (S. Mützell a. a. O.). Diese Vierteilung blieb bis in die jüngste Zeit hinein die verbreitetste. Es ist dies um so auffallender, weil schon längst von einigen erkannt und ausgesprochen wurde, dass die Grenzen bei diesem Einteilungmodus zu enge gesteckt seien. Wir finden nämlich diesen vier Teilen von einigen Rhetoren einen fünften beigefügt: '$\mathring{\alpha}\pi\mathring{o}$ $\pi\varrho\mathring{\alpha}\xi\varepsilon\omega\varsigma$ $\mathring{\varepsilon}\pi\mathring{\iota}$ $\pi\varrho\tilde{\alpha}\xi\iota\nu$.' Es ist klar, dass damit freilich das principium divisionis durchbrochen wird, und dass für uns daher diese Neuerung von vornherein nicht recht zu brauchen ist. Immerhin aber wurden die, welche dieselbe vorschlugen, von einem durchaus richtigen Gefühle geleitet, denn auf dem von ihnen neu eingeführten Gebiete zeigt sich gerade die Unzulänglichkeit des alten Systems am meisten; viele Worte nämlich, welche unter den Begriff der $\pi\varrho\tilde{\alpha}\xi\iota\varsigma$ fallen, können sowohl Belebtem als Unbelebtem im eigentlichen Sinne beigefügt werden. Finden sich dieselben nun bildlich gebraucht, so stehen wir vor der unlöslichen Frage: 'Welchem Gebiete wollen wir die Metapher einreihen?' Nehmen wir den Ausdruck 'cadere sub leges artaque iura'(Lucr. V, 1145). Wir erkennen, dass es hier nicht darauf ankommt, dass ein Ausdruck, der nur Unbelebtem oder Belebtem, zukommt auf Belebtes oder Unbelebtes transferiert wird. Die Metapher besteht vielmehr darin, dass das Wort 'fallen,' das sonst nur mit Körperlichem verbunden zu werden pflegt, hier auf ein Abstractum bezogen ist. Solche und ähnliche Fälle begegnen uns aber auf Schritt und Tritt. Wenn z. B. Mützell die Worte manus, pes, dorsum als 'animantium propria' bezeichnet, dagegen die Metapher 'animum recipere' unter der Ueberschrift bringt: 'vocabula rerum inanimarum propria in alias res eiusdem generis tralata,' so ist das eine Erscheinung, die sich eben nur aus jenem fehlerhaften Einteilungsprincip erklären lässt. Kurz, jene Einteilung umfasst nicht das ganze Gebiet der übertragbaren Begriffe, ist zu enge gefasst und hat überdies den Nachteil, dass Zusammengehöriges in überaus unübersichtlicher Weise getrennt wird, da die Grenzen zwischen den einzelnen Gebieten nicht scharf genug sind[1]).

Von solchen nun, welche in neuerer Zeit über die Metaphern arbeiteten, wurden dieselben vielfach nach den verschiedenen Gebieten geordnet, denen die Bilder entnommen wurden. Es wurden etwa zuerst alle Metaphern aufgezählt, welche vom Menschen hergenommen sind, dann diejenigen, welche auf die verschiedenen Thätigkeiten des Menschen sich beziehen, schliesslich diejenigen, welche der Betrachtung der Natur entsprungen sind. Diese Einteilung hat etwas Bestechendes; sie erscheint so einfach und natürlich. In Wirklichkeit ergeben sich aber ähnliche Schwierigkeiten, wie bei der zuerst angeführten: die Gebiete sind nicht scharf genug abgegrenzt; überdies ist die Zersplitterung eine so weitgehende, dass die Uebersichtlichkeit darunter leidet; besonders empfindlich wird sich dies bemerklich machen, wenn wir nicht lediglich feststellen wollen, aus welchen Gebieten ein Schriftsteller mit Vorliebe seine Bilder nimmt, sondern Einblick gewinnen wollen in das Wesen und die Entwicklung der Metapher überhaupt.

Am sichersten werden wir beim Aufsuchen eines möglichst erschöpfenden Einteilungsprincips gehen, wenn wir die historische Betrachtung zur Führerin nehmen. Es lässt sich mit ziemlicher Gewissheit annehmen, dass auf dem Gebiete der Concreta zuerst Vergleichungen angestellt wurden; auf diesem Gebiete werden wir daher die ältesten Metaphern zu suchen haben. Eine höhere Entwicklungsstufe setzt es bereits voraus, wenn Abstracta zur Vergleichung herangezogen werden. So ergibt sich uns von selber folgende Vierteilung:

Es werden übertragen:
1) Concreta auf Concreta.
2) Concreta auf Abstracta.
3) Abstracta auf Abstracta.
4) Abstracta auf Concreta.

Bei dieser Anordnung ergibt sich uns überdies die Möglichkeit, aus dem äusseren und inneren gegenseitigen Verhältnis der in den einzelnen Capiteln gesammelten Metaphern Rückschlüsse zu ziehen auf die historische Entwicklung dieses Tropus. Dass

---

[1]) Siehe auch R. Volkmann, Die Rhetorik der Griechen und Römer in systematischer Uebersicht dargestellt. 2. Aufl. Leipz. 1885.

freilich auch bei dieser Einteilung sich der Einreihung einzelner Beispiele Schwierigkeiten entgegenstellen, entgeht mir nicht, doch begegnen uns dieselben nicht so häufig, wie bei den anderen Anordnungen. Speciell bei unserem Dichter darf nicht ausser Acht gelassen werden, dass für ihn vieles körperlich ist, was uns als abstract erscheint. Wenn er mit solchen Begriffen Worte verbindet, die ihrer Grundbedeutung nach concreter Natur sind, so haben wir dies daher bei ihm nicht für eine Metapher zu halten. Spangenberg[1]) hat dies ausser Acht gelassen, wenn er folgende Stelle für eine Metapher hält; 'ire foras ubi coeperunt primordia vocum scilicet expleti quoque ianua raditur oris.' Lucr. 529 ff. Was so sehr körperlich ist, dass es eine Reibung verursacht, kann auch die Mundhöhle füllen. Anders verhält es sich in den Teilen des Gedichtes, in welchen Lucrez abschweift von seinem philosophischen Thema. Dass hier ein anderer Massstab anzulegen ist, werde ich an geeigneter Stelle darthun.

Ich habe mich nun noch über die Ziele auszusprechen, welche ich mit meiner Arbeit verfolge. Es ist ein Zwiefaches, was ich mit Sammlung der bei Lucrez auftretenden Metaphern bezweckte. Zunächst handelte es sich für mich darum, festzustellen, was sich aus dem Gebrauch der Metaphern bei Lucrez für Beurteilung des Sprachgebrauchs und der Eigenart des Dichters ergibt. Ferner lag mir daran, zu constatieren, so weit dies bei den vorhandenen Hülfsmitteln möglich war, ob und in wie weit Lucrez bei Anwendung der Metapher in die Fussstapfen älterer Dichter getreten sei. Die Beantwortung dieser Frage erwies sich als nicht leicht, da ausser zu Plautus und Terenz sich keine genügenden Vorarbeiten vorfanden. Konnte ich mich nach gewissenhafter Prüfung bei den beiden zuletzt genannten Dichtern damit begnügen, die in den vorhandenen Specialuntersuchungen citierten Stellen zu kontrollieren, so musste ich dagegen die übrigen Vorgänger des Lucrez selbst durchsuchen. Catull als jüngerer Zeitgenosse Lucrez wurde gelegentlich beigezogen teils auf Grund eigener Vergleichungen, teils mit Benützung von Dresslers Arbeit ‚de troporum, qui dicuntur, apud Catullum usu. Wien 1882. (Gymnasialprogramm).

Ferner war es aber auch von Interesse zu prüfen, ob nicht Lucrez als erster, welcher den Römern ausführlicher Epicurs

---

1) De T. Lucretii Cari tropis. Diss. inaug. Marburg 1881.

Lehre vortrug, sich häufig in seinen Bildern an seine griechischen Quellen anschloss. Das Resultat, welches eine Vergleichung des Lucrezischen Bilderschatzes mit den in Darstellungen der epicureischen Lehre sich findenden Metaphern ergab, war ein wesentlich negatives. Ein abschliessendes Urteil wird sich freilich bei der unvollkommenen Erhaltung des Quellenmaterials kaum je fällen lassen. Zu Grunde gelegt wurde bei der Vergleichung: Usener, Epicurea. Leipzig 1887.

Soweit die engere Aufgabe, deren Lösung ich mit meiner Abhandlung bezweckte. Es lag mir aber auch daran zu untersuchen, ob sich aus dem Metaphernschatz des Lucrez nicht Schlüsse ziehen liessen auf den Stand der Metapher im Lateinischen zu Lucrez Zeit überhaupt und auf das Wesen und die Entwicklung dieses Tropus im allgemeinen. Der Umstand, dass Lucrez Philosoph und Dichter in einer Person ist, liess mich hoffen ein ziemlich reiches und vielseitiges Material an Metaphern zu finden. Sah sich der Philosoph häufig genug gezwungen, sich der geläufigen, alltäglichen Metaphern zu bedienen, um den Römern die neue Lehre zu veranschaulichen, so brauchte der Dichter auch vor den kühneren, poetischen Metaphern nicht zurückzuschrecken [1]). Meine Hoffnungen gingen über Erwartung in Erfüllung; es ergab sich ein Reichtum an bildlichen Ausdrücken und Wendungen, die wohl auch zu weitergehenden Schlüssen die Berechtigung verleihen. Natürlich stützen sich diese Folgerungen aber auch auf die aus anderen Schriftstellern, auch aus späteren, sowie aus anderen Sprachen beigezogenen Parallelstellen. Ebenso versteht es sich von selbst, dass ich mich nicht auf die selteneren, poetischen Metaphern beschränken durfte, wenn ich in meinen Schlüssen über die engen Grenzen des Sprachgebrauches eines einzelnen Dichters hinausgehen wollte. Es lag mir daran eine möglichst vollständige Sammlung aller derjenigen Metaphern bei Lucrez zu liefern, welche ihre Kraft als Tropus noch nicht ganz eingebüsst hatten zur Zeit des Dichters.

Was endlich das Verhältnis meiner Arbeit zu der meines Vorgängers auf diesem Gebiet anlangt, so ergeben schon die im obigen näher dargelegten Grenzen und Ziele meiner Abhandlung, dass ich mit derselben nicht etwa gethane Arbeit noch einmal

---

[1]) Solche Metaphern werde ich mit einem Sternchen bezeichnen.

verrichte. Spangenberg führt uns, ohne gerade viel dazu zuthun, die von Lucrez gebrauchten Tropen und Figuren vor, wesentlich um zu zeigen ‚verum poetam eum esse[1]).' Der grosse Umfang der Arbeit ergibt von selbst, dass die einzelnen Tropen und Figuren nicht erschöpfend vorgeführt werden. Es lag auch gar nicht im Interesse Spangenbergs bei dem Ziele, welches er verfolgte, z. B. eine möglichste Vollständigkeit der Sammlung von Metaphern zu erreichen. Wenn daher Spangenbergs Arbeit einerseits ein grösseres Gebiet umfasst, so greift die meine in den Endzielen weiter hinaus. Wenn ferner Spangenberg speciell die nachlucrezischen Dichter zur Vergleichung heranzieht, so richte ich meinen Blick speciell auf die Vorgänger Lucrez und seine griechischen Quellen. Nach alle dem wird es überflüssig sein zu bemerken, dass Spangenbergs Arbeit nur rein äusserlich sich mit der meinigen berührt.

---

[1] Spangenberg a. a. O. p. 2: 'Lucretium verum poetam esse;' 'is versus poeta fuit;' p. 54: 'Ex exemplis allatis satis eluceat, eum linguae Latinae egestate impeditum non esse, quominus materiam difficillimam vere poetice tractaret.'

I. Capitel.

Uebertragung concreter Begriffe auf concrete Begriffe.

[Die selteneren und poëtischen Metaphern sind mit * bezeichnet].

Abitus, aditus, coetus (coitus), exitus, introitus.

Obgleich Lucrez annimmt, dass die Atome unbelebt, unbeseelt seien, wie er im zweiten Buch zu beweisen sucht, teilt er ihnen doch häufig in bildlicher Weise die Eigenschaften und die Thätigkeit lebender Wesen zu. I, 675 ff.: 'corpora quaedam sunt, quorum abitu aut aditu mutatoque ordine mutant naturam res.' — VI, 494: 'undique exitus introitusque elementis redditus extat.' — V, 428: 'propterea fit, uti magnum volgata (sc. primordia) per aevom omne genus coetus et motus experiundo tandem conveniant ea, quae convecta repente magnarum fiunt exordia rerum.' Aber auch mit anderen leblosen Dingen verbindet Lucrez diese Substantiva. I, 185: 'coitus seminis.' — I, 666: ‚ignis coetus.' — VI, 586: 'exitus animai' = venti. 727: 'exitus amnis.' Der metaphorische Gebrauch gerade dieser Worte ist übrigens nicht nur im Lateinischen, sondern auch in anderen Sprachen so allgemein, dass für gewöhnlich die Grundbedeutung wohl kaum mehr beachtet wird. Ich erinnere an unser 'Zugang', an das auch von Epikur häufig gerade in Verbindung mit ἄτομος gebrauchte 'σύνοδος' (S. D. Laert. 113).

Abluere.

IV, 375 ff.: 'propterea facile et spoliatur lumine terra et repletur item nigrasque sibi abluit umbras.' IV, 872/73: 'sic igitur tibi anhela sitis de corpore nostro abluitur.' Schon kühner ist, was wir bei Horaz c. IV. XII, 17 ff. lesen: 'cadus amara curarum eluere (hinabzuspülen) efficax.' Vergleichen wir diese Stelle mit den aus Lucrez angeführten, so lässt sich ein Fortschritt im metaphorischen Gebrauch des Wortes 'luere' nicht verkennen.

Absonus.*

IV 513 ff.: 'et libella aliqua si ex parti claudicat hilum, omnia mendose fieri atque obstipa necesse est prava cubantia prona supina atque absona tecta.'

Abundare, redundare.

Peter Langen zeigt in seiner trefflichen Abhandlung über den Gebrauch der Metapher im Lateinischen von Plautus bis Terenz, dass das Wort abundare schon von den ältesten Schriftstellern in eben der Weise metaphorisch gebraucht worden sei, wie von den klassischen Autoren. (Jhrb. f. Phil. u. Pädag 125. 1882). Er polemisiert bei der Gelegenheit gegen die Döderleinsche Behauptung (Synon. VI, 3), dass abundare heisse 'ganz voll sein bis zum Ueberfliessen,' redundare 'übervoll sein und mithin überfliessen.' 'Die Plautinischen Stellen, sagt Langen, zeigen ganz deutlich, dass abundare die Bedeutung: 'über das Ufer treten' gehabt hat, und zwar einfach 'ohne Nebenbedeutung.' Ob dies das ursprüngliche Verhältnis gewesen ist, mag dahingestellt bleiben; dass aber abundare neben jener von Langen vertretenen Bedeutung doch auch jene von Döderlein angegebene hatte, scheint mir eine Stelle in Lucrez zu beweisen. Luc. V, 262 ff.: 'quod superest, umore novo mare flumina fontes semper abundare et latices manare perennis nil opus est verbis.' Hier kann von 'über die Ufer treten' doch wohl nicht die Rede sein.

Lucrez bringt das Wort abundo neunmal in übertragener Bedeutung. Ich darf mich wohl darauf beschränken, einzelne Beispiele herauszugreifen. IV 88 ff: 'omnis odor, fumus, vapor atque aliae res consimiles ideo diffusa e rebus abundant, ex alto quia dum veniunt, extrinsecu' torte scinduntur per iter flexum.' Vgl. II, 1088 ff.; IV, 143. — 1189 ff.; V, 265. — 814 ff. 917 ff. — VI, 669: 'ignis Aetnaeus abundat.' Niemals gebraucht übrigens Lucrez abundare von Gemütsaffecten, während wir doch schon bei Terenz (Phorm. I, 3. 11) finden: 'amore abundas, Antipho.' — Redundare finden wir bildlich angewendet IV, 152: 'quapropter fit, ut hinc nobis simulacra redundent.' Bei Ennius (ann. l. IX. fr. 215) lesen wir: 'praedā exercitus undat.'

Accendere, incendere.

V, 656 ff.*: 'sol sub terras revertens anticipat caelum radiis accendere temptans.' — VI, 1143: 'principio caput incensum fervore gerebant.' — I, 475: 'accendere saevi certamina belli' (entzünden, entflammen). VI, 346: 'forsitan ex ipso veniens (fulmen) trahat aëre quaedam corpora, quae plagis incendunt mobilitatem.' (Vgl. Cap. II).

Acer.

Die eigentliche Bedeutung dieses Wortes ist 'scharf, schneidend. Demgemäss wird es mit Dingen verbunden, welche am Körper des Menschen eine ähnliche Empfindung hervorrufen, wie der Schnitt mit einem scharfen Instrument, weiterhin bezeichnet es überhaupt eine heftige, 'einschneidende' Einwirkung auf die Sinne, auch die Gewalt von Naturerscheinungen, schliesslich dient es zur Bezeichnung der Schärfe der Sinne, des Geistes, der Heftigkeit der Gefühle. Der metaphorische Gebrauch des Wortes ist alt. So hat Ennius (ann. l. XVI, fr. 296) 'acris hiems,' ebenso Plautus (trin. II, 3. 7): 'acrior hiems.' Bei Naevius (bell. Poen. fr. 54) finden wir es in Verbindung mit fames. — Lucrez IV, 258: 'acre frigus' IV, 327: 'acer splendor adurit oculos.' — VI, 850: 'acer sol.' — VI, 128: 'procellae impetus acer.' III, 252/53: 'acre malum.' — IV, 638: 'acre venenum' III, 474: 'vini vis acris' IV, 122: de corpore odorem expirare acrem.' — IV, 714: 'acer dolor.'

Acies.

I, 324: 'oculorum acies.' III, 362: 'acies = oculi. — Vgl. III, 411. — IV, 279. — 355. — 761. IV, 689. — II, 447: 'in quo iam genere in primis adamantina saxa prima acie constant, ictus contemnere sueta.'

Acuere.*

VI, 277 ff.: 'insinuatus (ventus) ibi (in nubibus) vortex versatur in arto et calidis acuit fulmen fornacibus intus.' Vergleichen wir diese Stelle mit dem entsprechenden Abschnitt des II. Briefes Epikurs bei Diogenes Laertius, so tritt uns recht klar der Unterschied zwischen dem Philosophen Epikur und dem Dichter Lucrez entgegen; bei jenem die rein verstandesmässige, nüchterne Aufzählung der physikalisch möglichen Ursachen des Blitzes in ziemlich langer Reihe; bei Lucrez werden wir gleichsam eingeführt in die Werkstätte, in welcher der Blitz entsteht. Der Wind als Werkmeister schmiedet und schärft den Strahl. Wohl mag dem Dichter, der ja trotz seiner rein mechanischen Welterklärung sich nicht ganz frei machen kann von den alten Anschauungen, (Vgl. die Anrufung der Venus im I. B.) jener Mythos vor Augen geschwebt haben, der die Kyklopen, eingeschlossen im Berge Vesuv, der Werkstätte Vulkans, Juppiters Waffen schmieden lässt.

Acutus.
IV, 807: 'acute cernere,' (Vgl. c. II.) Schon Ennius überträgt acutus in ähnlicher Weise, wie acer und acies: ann. fr. 337: 'sonitus acutos.'

Adsiduus.
IV, 970: 'quicumque dies multos ex ordine ludis adsiduas dederunt operas.' Wie sehr der Ursprung des Wortes adsiduus schon zu Lucrez' Zeiten in Vergessenheit geraten war, erhellt aus den Verbindungen 'adsiduus geli casus' (V, 205) und 'motus adsiduus' (II, 97). Der innere Widerspruch, in welchem hier das Attribut seiner Grundbedeutung nach zu seinem Substantiv steht, fiel den Römern der damaligen Zeit wohl so wenig auf, wie uns heutzutage Wendungen wie 'beständiger Schneefall,' 'beständige Bewegung.' Das Adverbium adsidue begegnet uns nur in jener metaphorischen Bedeutung.

(Aedificare), inaedificare.
VI, 263: 'non caligine tanta obruerent terras, nisi inaedificata superne multa forent multis exempto nubila sole.'

Aestuare.*
V, 1094: 'et ramosa tamen cum ventis pulsa vacillans aestuat in ramos incumbens arboris arbor.'

Aestus.*
VI, 476: 'praeterea fluviis ex omnibus et simul ipsa surgere de terra nebulas aestumque videmus.' V, 1433: 'belli magnos aestus' = 'des Kriegs gewaltige Wogen' (Vgl. c. II).

Alipes.*
VI, 765: 'alipedes cervi.' Vgl. unser: 'die Angst beflügelt den Fuss.'

Altivolans.
V, 432: 'rota solis altivolans.'

Altus.
III, 465: 'altus aeternusque sopor' (Vgl. c. II).

Amictus.*
VI, 1132: 'caeli amictum mutare.'

Amplexus.
V, 318: 'denique iam tuere hoc, circum supraque quod omnem continet amplexu terram.'

Amplus.
V, 1172: 'vires amplae.'
Anceps.
VI, 168: 'ancipiti ferro arboris auctum caedere.' VI, 377: ancipiti bello turbatur utrimque caelum, hinc flammis, illinc ventis, umoreque mixto.'
Anhelus.
IV, 872: 'anhela sitis.'
Ardere.
VI, 1170: 'ardentia morbo membra.' III, 661: 'ardens morsus' VI, 294: ardenti ictu sonitus provolat.' Ardere wird auch von Plautus metaphorisch gebraucht, so Capt. III, 4, 62 als Ausdruck der aus den Augen blitzenden inneren Erregung: 'ardent oculi.' — (Vgl. c. II).
Ardor.
IV, 1089: 'ut bibere in somnis sitiens quom quaerit, et umor non datur, ardorem qui membris stinguere possit' (Vgl. c. II).
Aridus.
VI, 119: 'aridus sonus.' Eine auch im Griechischen gebräuchliche Metapher; Hom. Il. M. 160: 'κόρυθες δ'ἀμφ' αὖον ἄϋτειν βαλλόμεναι μυλάκεσσι.' Terenz gebraucht aridus metaphorisch auch zur Bezeichnung von Charaktereigenschaften. Heaut. III, 2. 15: 'sed habet patrem aridum.'
Arvum.*
IV, 1099: 'in eost Venus ut muliebria conserat arva.' Bei den griechischen Dichtern findet sich das gleiche Bild. Aesch. sept. 736/739: 'ὅστε ματρὸς ἁγνὰν σπείρας ἄρουραν, ἵν' ἐτράφη, ῥίζαν αἱματόεσσαν ἔτλα.' Plautus (Asin.V, 2. 24) wendet fundus in ähnlicher Weise an: 'fundum alienum arat, incultum familiarem deserit.'
Attentere.
VI, 920: quo magis attentas auris animumque reposco.' (Vgl. c. II).
Aureus.
V, 461: 'aurea cum primum gemmantis rore per herbas matutina rubent radiati lumina solis.' — Catull. LXI, 95: 'vide ut faces aureas quatiunt comas.' — Plautus hat aureus nur in seiner Grundbedeutung. (Vgl. c. II).
Bellum.*
V, 392: 'venti tantum spirantes aequo certamine bellum

magnis inter se de rebus cernere certant.' — Vgl. VI, 375. — V, 380: 'denique tantopere inter se cum maxima mundi pugnent membra, pio nequaquam concita bello.'

Bibulus.*

Entsprechend der Verbindung von δίψιος mit κόνις im Griechischen sagt Lucrez II, 376: 'bibula harena.' Aehnlich Catull, LXVI, 85: 'illius mala dona bibat irrita pulvis.'

Bustum.*

V, 988 ff.: 'unus enim tum quisque magis deprensus eorum pabula viva feris praebebat, dentibus haustus, et nemora ac montis gemitu silvasque replebat viva videns vivo sepeliri viscera busto.' Wir haben hier ein besonders charakteristisches Beispiel der poetischen Diction unseres Dichters; ein wahrer Reichtum an Tropen und Figuren und sonstigem Schmuck der Rede! Besonders mache ich auf das schöne Beispiel der Allitteration aufmerksam[1]). — Lucrez hat übrigens auch für die hier angeführte Metapher Vorgänger bei den Griechen. Aeschylus, sept. 1020: 'ὑπ' οἰωνῶν ταφέντα.' Sophocles, Electra, 1487/88: 'ἀλλ' ὡς τάχιστα κτεῖνε καὶ κτανὼν πρόθες ταφεῦσιν, ὧν τόνδ' εἰκός ἐστι τυγχάνειν, ἄποπτον ἡμῶν.'

Cacumen.*

II, 1129 ff.: 'sed plura accedere debent, donec alescendi summum tetigere cacumen.' Vgl. c. II).

Cadere, accidere, concidere, excidere, occidere.

Nicht mit Recht führt Spangenberg unter den Metaphern IV, 1041 an: 'nam omnes plerumque in vulnus cadunt.' Wir haben hier eine Allegorie, innerhalb derselben aber sind die einzelnen Worte in ihrer eigentlichen Bedeutung gebraucht. — VI, 1123: 'clades nova pestilitasque in aquas cadit.' — An anderen Stellen steht cadere im Sinne von 'zu Grunde gehen, sterben.' III, 967: 'nec minus ergo ante haec quam tu cecidere cadentque.' Aehnlich Cicero, de nat. d. I, 24. 67: 'in mundis cadentibus.' — II, 1165: 'in cassum manuum accidere labores.' Im I. Buch, 447/448 teilt Lucrez alle Dinge in solche ein, 'quae sub sensus cadant' und solche, quas ratione animi quisquam apisci possit.' (Vgl. c. II). — V. 606: 'quod genus interdum segetes stipulamque videmus accidere ex una scintilla incendia passim. (Vgl. c. II). — IV, 505: 'vita ipsa concidat extemplo, nisi credere sensibus ausis.' — Occidere wendet schon

---

1) S. Ebrard: Die Allitteration in der lateinischen Sprache. Bayreuth 1882. Gymnasialprogramm.

Plautus im Sinne von mori. interire an, unzähligemal findet es sich bei Lucrez.

Calidus.

IV, 701: 'refrigescit enim cunctando plaga per auras, nec calida ad sensum decurrunt nuntia rerum.'

Capere, accipere, percipere, suscipere.

Während Epikur das dem lateinischen capere wohl entsprechende λαμβάνειν öfter auch mit Concretis metaphorisch verbindet, gebraucht Lucrez capere sowohl wie accipere nur in Verbindung mft Abstractis in übertragener Bedeutung. Diog. Laert. 110: 'σύνωσιν λαμβανουσῶν τῶν ἀτόμων.' Vgl. auch 208 u. 109.

Percipere lesen wir IV, 728: „quae percipiunt oculos visumque lacessunt.' V, 603: 'aëra percipiat calidis fervoribus ardor.' — VI, 804: 'cum membra domus percepit fervidior vis.' (Vgl. c. II). — III, 459: 'videmus corpus ipsum suscipere inmanis morbos durumque dolorem.'

Caput.

Hrdt. IV, 91: 'κεφαλὴ ποταμοῦ.' — Dieselbe Uebertragung finden wir bei Lucrez V, 270. — VI, 635: retro remanat materies umoris et ad caput amnibus omnis confluit.' — Dass diese Metapher auch im Lateinischen schon alt ist, beweist Plautus, trin. IV, 2. 98: 'caput amnis. — Lucrez VI, 729: 'caput Nili.' — Vgl. Horaz, c. I, 1. 21: 'nunc viridi membra sub arbuto stratus, nunc ad aquae lene caput sacrae.' — Oft vergleicht Lucrez das Licht strömendem Wasser; folgerecht wird die Sonne als Quell, und metaphorisch dann als 'caput' dieses Stroms bezeichnet; so V, 292 ff. Auch die Stelle bei Terenz, ad. IV, 2. 29 ist wohl auf diesen Ursprung zurückzuführen; wir lesen daselbst: 'idem quod ego sensit te esse huic rei caput.' Wie fons für auctor, causa stehen kann, so steht hier caput für dieses Wort. Auch unserer Redewendung 'der Plan ist deinem Kopfe entsprungen' liegt ja das Bild eines 'entspringenden' Gewässers zu grunde. — Eine musterhaft schön durchgeführte Verbindung von Metaphern haben wir V, 591 ff.: 'illud item non est mirandum, qua ratione tantulus ille queat tantum sol mittere lumen, quod maria ac terras omnes caelumque rigando compleat et calido perfundat cuncta vapore. Nam licet hinc mundi patefactum totius unum largifluum fontem scatere atque erumpere lumen, ex omni mundo quia sic elementa vaporis undique conveniunt et sic coniectus

eorum confluit, ex uno capite hic ut profluat ardor. — —
V, 751: 'nam cur luna queat terram secludere solis lumine et a
terris altum caput obstruere ei.'
Canere.
   Canere u. s. composita werden auch von Plautus im Sinne
von sonare tönen gebracht. Z. B. Amph. I, 1, 72: ‚tubae occanunt.' — Lucrez I, 256: 'novis avibus canere undique silvas.'
Cassus.
   Wenn Lucrez bei Darstellung der Epikureischen Atomistik
Worte wie cassus, opplere, complere u. s. f. mit den Ablativen
lumine, colore, sono, odore verbindet, so darf man hier nicht mit
Spangenberg an Metaphern denken. Alle jene Erscheinungen sind
ja nach Epikur körperlicher Natur. Etwas anderes ist es, wenn
wir solche Verbindungen in Lucrez bei seinen zahlreichen Abschweifungen auf religiöses Gebiet, bei seinen Naturschilderungen
etc. lesen. Hier ist Lucrez ganz Dichter und denkt so wenig an
jene philosophisch-physikalische Lehre, wie er bei der Anrufung der
Göttin Venus an seine religiöse Anschauung denkt. Beispiele
werden die Sache verdeutlichen. Wendungen wie (V, 758): 'corpus, quod cassum labatur lumine semper' (Vgl. auch II, 838;
IV, 350) halte ich nicht für metaphorisch. 'Ire foras ubi coeperunt primordia vocum, scilicet, expleti quoque ianua raditur oris'
(IV, 529); hier ist expleti doch entschieden keine Metapher, da
ja gerade durch die körperliche Natur der Stimme die infolge vielen
Sprechens eintretende Heiserkeit erklärt wird. Dagegen II, 145:
'variae volucres nemora avia pervolitantes aëra per tenerum liquidis loca vocibus opplent.' V, 226: 'infans vagitu locum lugubri
complet.' Nur eine allen Gefühls für Poesie bare Natur könnte
behaupten, dass hiebei der Dichter an die körperliche Natur der
Stimme gedacht und deshalb die Worte ‚opplere loca, complere
locum' gewählt habe. Hier also ist eine Metapher anzunehmen.
[Cedere], concedere, procedere, praecedere, succedere, recedere.
   V, 1010: 'mulier coniuncta viro concessit in unum coniugium.'
V, 1291: 'inde minutatim processit ferreus ensis versaque in obprobrium species est falcis ahenae.' — IV, 835: ‚sed potius longe
linguae praecessit origo sermonem.' — V, 1368: ‚inque dies magis
in montem succedere silvas cogebant.' — VI, 1040: 'fit quoque ut a
lapide hoc (Magnete) ferri natura recedat interdum.'

[Cernere,] discernere.

IV, 552: 'necessest verba quoque ipsa plane exaudiri discernique articulatim.'

Certamen.

V, 382: 'nonne vides aliquam longi certaminis ollis posse dari finem, vel cum sol et vapor omnis omnibus epotis umoribus exsuperarint?' Vgl. V, 390. — II, 573: 'certamina principiorum.' V, 783: 'arboribusque datumst variis exinde per auras crescendi magnum inmissis certamen habenis.'

Certare.

Ein häufig bildlich gebrauchtes Wort. Schon Ennius (ann. XVII, fr. 304) schreibt concurrunt veluti venti, cum spiritus austri imbricitor aquiloque suo cum flamine contra indu mari magno fluctus extollere certant.' — Lucr. VI, 509: 'confertae nubes imbris demittere certant dupliciter.' — II, 116 ff.: 'multa minuta modis multis per inane videbis corpora misceri, radiorum lumine in ipso, et velut aeterno certamine proelia pugnas edere turmatim certantia nec dare pausam.' Durch das eingeschaltete velut nimmt der ganze Satz eine Zwischenstellung zwischen Gleichnis und durchgeführter Metapher ein. Man beachte die Alliteration (Vgl. c. II).

Cibus.

V, 523: 'sidera serpere possunt, quo cuiusque cibus vocat.'

Clades.

V, 245: 'scire licet caeli quoque item terraeque fuisse principiale aliquod tempus cladenque futuram.' Vgl. V, 345. VI, 641; VI, 1088: 'unde repente mortiferam possit cladem conflare coorta morbida vis.' Vgl. VI, 1123. — V, 369: ‚cladem inportare pericli.' (Vgl. c. II).

Clamor.*

VI, 145: 'id quoque, ubi e nubi in nubem vis incidit ardens fulminis, haec multo si forte umore recepit ignem, continuo magno clamore trucidat.' Vgl. Hor. c. III, XXIX, 38: 'non sine móntium clamore vicinaeque silvae.'

Clarus, praeclarus.

Beide Adjectiva werden unendlich oft metaphorisch im Sinne von insignis angewendet. Bemerkenswert ist, dass Lucrez, abweichend von Gebrauch der Schriftsteller des goldenen Zeitalters, praeclarus im eigentlichen Sinn gebraucht. V, 120: 'praeclarumque velint caeli restinguere solem.' Einen Nachfolger hierin findet er in Juvenal (sat. V, 42): 'praeclara illi laudatur iaspis.' Vgl. Lucr. II, 1032.

[Claudere], praecludere, secludere.

I, 320: 'sed quae corpora decedant, invida praeclusit spatium natura videndi.' — V, 751: 'cur luna queat terram secludere solis lumine.' (Vgl. c. II).

Claudicare.*

VI, 834: 'claudicat pinnarum nisus inanis.' — IV, 513: 'libella aliqua ex parti claudicat hilum.' VI, 1104: 'nam quid Brittannis caelum differre putamus et quod in Aegypto est, qua mundi claudicat axis.' Die von Georges gegebene Uebersetzung dieser Stelle: 'wo die Achse der Welt schwankt,' scheint mir verfehlt zu sein. Claudicare bedeutet hier nichts anderes, wie IV, 513 'libella claudicat': die Wage weicht ab, neigt sich nach einer Seite.' Mit Recht zieht Spangenberg zum Vergleich die Stelle Vergil, Georg. I, 240 an: 'mundus ut ad Scytham Riphaeasque arduus arces consurgit, premitur Libyae devexus in austros.'

Claudus.*

IV, 434: 'at maris ignaris in portu clauda videntur navigia aplustris fractis obnitier undae.'

Claustrum.

I, 415. — III, 396. — VI, 1151: 'vitai claustra.' I, 70. 71: 'arta naturae claustra.' Vgl. Lucil. sat. fr. 700: 'quom sua committunt mortali claustra Camenae.'

Cogere.

Peter Langen weist darauf hin, dass dieses Wort schon von Plautus und Terenz öfter in übertragener als in ursprünglicher Bedeutung angewendet werde. Bei Lucrez findet es sich neben häufiger metaphorischer Anwendung nicht selten in seiner Grundbedeutung. Vgl. VI, 127; 200; 211; 464; 511. Beides vereint lesen wir VI, 717; 'etesiae undas cogentes sursus replent coguntque manere.'

Comes.

Dieses Wort überträgt bereits Plautus auf Lebloses. Poen. III, 3. 14/15: 'viam qui nescit, qua deveniat ad mare, eum oportet amnem quaerere comitem sibi.' — Amphitr. II, 2. 5: 'ita dis est complacitum, voluptatem ut maeror comes consequatur.' Vgl. III, 2. 49. Es ist daher keine Weiterbildung des metaphorischen Gebrauches, wenn Lucrez (III, 290) sagt: 'frigida multa, comes formidinis, aura' und II, 580: 'ploratus, mortis comites et funeris atri.' Vgl. c. II.

Complexus.*

II, 1065: 'esse alios alibi congressus materiai, qualis hic est, avido complexu quem tenet aether.'

Concinnare.

'Zusammenfügen,' die Grundbedeutung des Wortes, welche sich bei Plautus und später bei Apulejus und Petronius findet, suchen wir bei Lucrez vergeblich. Er gebraucht concinnare nur metaphorisch im Sinne von efficere. VI, 436: 'venti vis fervorem mirum concinnat in undis.' Vgl. VI, 582 und 1115 ff.

Congressus.

II. 1065: 'Congressus materiai.'

Conivere.*

V, 773 ff.: ‚quove modo possent offecto lumine obire (sol et luna) et neque opinantis tenebris obducere terras, cum quasi conivent et aperto lumine rursum omnia convisunt clara loca candida luce.' Vgl. efflare V, 649: 'ubi de longo cursu sol ultima caeli impulit atque suos efflavit languidus ignis.' Auch wir vergleichen die Gestirne Wandereren, welche nach vollbrachter Reise müde der Heimat zuziehen. Hebel singt: 'O, lueg doch, wie isch d'Sunn so müed — lueg wie sie d'Heimeth abezieht.' — 's isch wohr, sie hat au übel Zit, — im Summer gar, der Weg isch wit.' Die folgerichtige Weiterführung dieses Bildes ist es nun, wenn wir sagen, dass die Gestirne beim Untergang die Augen schliessen (conivere), beim Aufgang öffnen. Auch hier bietet Hebel eine Parallele zu der lateinischen Ausdrucksweise: 'Herr Morgestern, — mit deinen Augen chlor und blau und sufer g'wäschen im Morgethau.' Auch Plautus sagt 'dormire solem,' doch fügt er diesem Bild noch ein echt komisches Moment bei mit den Worten 'atque adpotum probe.' (Amphitr. I, 1, 126).

Auch conivere findet sich bei Plautus in Verbindung mit Unbelebtem. Most. III, 2. 144: 'viden, coagmenta in foribus, quam recte dormiunt, ut conivent.'

Consanguineus.

VI, 475: 'ratio consanguineast umoribus ollis' (mari ac nubibus).

[Coquere], concoquere, excoquere, percoquere.

IV, 628: 'nec refert quicquam quo victu corpus alatur, dummodo quod capias concoctum didere possis artubus.' — VI, 962: 'terram sol excoquit et facit are.' V, 1250: 'flammeus ardor ... terram percoxerat igni.' — VI, 722. — 1107: 'nigra virum percocto saecla colore.' Ennius überträgt dieses Wort bildlich auch auf Abstracta: (X, fr. 230), cura, quae nunc te coquit.'

Coronare.

II, 801: 'pluma columbarum, ... quae sita cervices circum collumque coronat.' Man beachte auch die Allitteration.

[Cudere], procudere.

II, 1115: 'ignem ignes procudunt aëraque aër.' V, 846: „multa videmus enim rebus concurrere debere, ut propagando possint procudere saecla.' 852: 'propagando procudere prolem.' (Vgl. c. II). (Crescere) procrescere.

[VI, 663: satis haec tellus nobis caelumque mali fert, unde queat vis immensi procrescere morbi.' — Adcrescere finden wir bei Terenz (Andr. III, 3. 7) auch in Verbindung mit dem Abstractum amicitia.

Cumulare, accumulare.

VI, 1235: 'idque vel in primis cumulabat funere funus.' III, 71: 'caedem caede accumulantes.' Aehnlich wendet Horaz densere bildlich an; carm. I, 28. 19: 'mixta senum ac iuvenum densentur funera.'

Currere, concurrere, decurrere, intercurrere, occurrere, percurrere, praecurrere, transcurrere.

(Vgl. concursare, volare, ire).

Wie schon erwähnt, verbindet Lucrez häufig primordia, semina etc. mit Worten, welche ihrem Grundbegriffe nach nur mit Belebtem verknüpft werden. Er wurde hiezu wohl nicht nur durch das Streben nach Abwechslung im Ausdruck bestimmt, sondern ebensosehr durch den Wunsch die atomistische Lehre seinen Landsleuten möglichst anschaulich vorzutragen. Besonders häufig finden sich solche eine Personification involvierende Metaphern bei den Ausdrücken der Bewegung. Manches mag hiebei Lucrez schon bei seinen griechischen Vorbildern vorgefunden haben. So findet sich in Epikurs Lehrbriefen zur Bezeichnung der Atombewegung $\delta\iota\ell\sigma\tau\alpha\sigma\vartheta\alpha\iota$, $\dot{\alpha}\pi o\kappa\alpha\tau\dot{\alpha}\sigma\tau\alpha\sigma\iota\varsigma$, $\sigma\upsilon\nu\ell\sigma\tau\alpha\sigma\vartheta\alpha\iota$, $\sigma\upsilon\mu\pi\alpha\varrho\alpha\kappa o\lambda o\upsilon\vartheta\epsilon\tilde{\iota}\nu$, $\mu\epsilon\tau\dot{\alpha}\beta\alpha\sigma\iota\varsigma$, $\dot{\alpha}\pi\alpha\nu\tau\tilde{\alpha}\nu$ u. a. gebraucht. (Diog. L. 43; 44; 61; 69; 106; 107). Auch sonst finden wir solche Ausdrücke der Bewegung bei Epikur metaphorisch in Verbindung mit Leblosem. D. L. 101: '$\sigma\upsilon\nu\epsilon\lambda\alpha\upsilon\nu o\mu\dot{\epsilon}\nu o\upsilon$ $\tau o\tilde{\upsilon}$ $\varphi\omega\tau\dot{o}\varsigma$.' 104: '$\delta\iota\grave{\alpha}$ $\tau\grave{o}$ $\mu\grave{\eta}$ $\delta\dot{\upsilon}\nu\alpha\sigma\vartheta\alpha\iota$ $\dot{\upsilon}\pi o\chi\omega\varrho\epsilon\tilde{\iota}\nu$

εἰς τὰ ἑξῆς (das Feuer). 107: ψυχρίας περίστασιν. Vgl. 108; 111; 112. Nicht vergessen dürfen wir freilich, dass die Metaphern auf diesem Gebiet uns im Lateinischen überhaupt, und speciell bei Lucrez am häufigsten begegnen. Finden wir nun bei Epikur ebenfalls, wie wir sehen, gerade in der nämlichen Begriffssphäre, besonders viele bildliche Wendungen, so konnte sich eine Uebereinstimmung ergeben, ohne dass Lucrez deshalb als Nachahmer bezeichnet zu werden braucht. Es findet sich vielmehr hier ganz allgemein eine Verwandtschaft des lateinischen und griechischen und, setzen wir hinzu, des deutschen Sprachgebrauchs; denn auch wir verbinden laufen, gehen, eilen, kommen, fliehen, Flucht, Gang etc. mit Vorliebe mit Unbelebtem und wenden diese Worte auch sonst in der mannigfachsten Weise metaphorisch an.

Lucrez VI, 316: 'semina concurrunt calidi fulgoris ad ictum.' — V, 846; IV, 702. — IV, 780. — II, 163: 'primordia ... multiplex loci spatium transcurrere.' — II, 692: 'non quo multa parum communis littera currat aut nulli inter se duo sint ex omnibus idem, sed quia non volgo paria omnibus omnia constent.' Oefter begegnet uns dieses Bild, durch welches Lucrez an einem concreten Fall zeigen will, wie Unzähliges, an Gestalt Verschiedenes aus wenigen Urelementen entstehen kann, die nur eine sehr beschränkte Mannigfaltigkeit der äusseren Form aufzuweisen haben[1]). Vgl. I, 821; 912. II, 1013). Percurrere wird mehrmals vom Blitz und Donner gesagt. I, 1003. VI, 32. V, 1219. VI, 287. VI, 668: 'mare ac terras rapidus percurrere turbo.'

Concurrere gleich 'zusammentreffen' lesen wir V, 846: 'multa videmus enim rebus concurrere debere, ut propagando possint procudere saecla.' — Von der Rennbahn ist folgende Metapher genommen: II 960 ff.' nam quare potius leti iam limine ab ipso ad vitam possit conlecta mente reverti, quam quo decursum prope iam siet ire et abire.' — III, 1040: 'decurso lumine vitae.' — Auf den Krieg ist die bildliche Ausdrucksweise in VI, 29 ff. zurückzuführen: 'monstravit ... quidve mali foret in rebus mortalibu' passim, quod fieret naturali varieque volaret seu causa seu vi, quod sic natura parasset, et quibus e portis occurri cuique deceret.'

---

1) Mit Recht verweist Woltjer (Lucretii philosophia cum fontibus comparata. Groningen 1877) hier auf Aristot. περὶ γενέσεως καὶ φθορᾶς pag. 315, 2 (Becker): 'Ἐκ τῶν αὐτῶν γὰρ τραγῳδία καὶ κωμῳδία γίνεται γραμμάτων.'

Decurrere für mutari: V, 1260: 'tum penetrabat homines posse metalla liquefacta calore quamlibet in formam et faciem decurrere rerum.'

Percurrere findet sich V, 1405 und IV, 584 ff. in übertragener Bedeutung: 'Pan pinea semiferi capitis velamina quassans unco saepe labro calamos percurrit hiantis.' II, 371 ff.: 'postremo quodvis frumentum non tamen omne quique suo genere inter se simile esse videbis, quin intercurrat quaedam distantia formis,' unserem 'mit unterlaufen' entsprechend. Vgl. c. II.

Cursus, concursus.

I, 1003: 'quod (spatium) neque clara suo percurrere fulmina cursu possint, nec...' IV, 407: 'cursus veruti.' Vgl. VI, 179. — 307. I, 684: 'sunt quaedam corpora, quorum concursus, motus, ordo, positura, figurae efficiunt ignis.' Das Wort concursus, concursio findet sich auch bei anderen zur Bezeichnung der Vereinigung der Atome; so Augustin ad Diosc. epist. CXVIII, 27t p. 340^b ed. Ven. 1719 (Us. Epic.): 'concursioni atomorum' 'corpusculorum concursu.' — Lact., de ira dei 10, 28: 'concursu atomorum.' — 'nisi atomi coissent.' (Us. Epic.). Cic. d. nat. d. I, 9 verbindet cursus ebenfalls bildlich mit Unbelebtem: 'dierum noctiumque annuis cursibus.' — Zum Vergleich mag hier auch Plut. quaest. conv. VIII, 3, 2 p. 720 ff.: '*ἐν δὲ κενῷ καὶ σωμάτων ἐρήμῳ διαστήματι λεῖον δρόμον ἔχουσα* (sc. *ἡ φωνή*) (Us. Epic.).

[Cursare], concursare, recursare.

III, 395: 'primordia...concursare.' II, 106: 'primordia longe recursant.' — II, 214: 'ignes (= fulmina) concursant.

Dare, condere, edere, perdere.

Die metaphorische Anwendung dieser Worte ist eine althergebrachte (Plaut. capt. V, 2. 9. — Amphitr. I, 2. 53/54. — II, 2. 177.) und so häufig, dass es genügen muss einige charakteristische Beispiele herauszugreifen. Dare steht für gignere, in lucem proferre V, 802: 'tum tibi terra dedit passim mortalia saecla.* — III, 1088: 'proinde licet quotvis vivendo condere saecla.' — V, 708: 'luna inde minutatim retro quasi lumen condere debet item.' IV, 569: sonorem reddere, u. 575: voces reddere. — Vgl. D. L. 50: '*φαντασίαν ἀποδιδόντων*.' — Dare in Verbindung mit Abstracten findet sich schon Enn. III fr. 468: 'pausam dedit.' Ebenso bei Lucrez II, 119. — II, 262: 'principium dat.'

Decus.
: III, 3: 'o Graiae gentis decus' (sc. Epikur).

Dens.*
: I, 852: 'leti sub dentibus ipsis' = im Rachen des Todes.

Dentare.
: II, 431: 'denique iam calidos ignis gelidamque pruinam dissimili dentata modo conpungere sensus corporis.'

Diffusilis.
: V, 467: 'diffusilis aether.'

Dissultare, exultare, resultare.
: Wir finden diese Verba häufig zur Bezeichnung der Atombewegung angewendet wie ire und volare, currere u. a. III, 395: 'primordia concursare, coïre et dissultare.' III, 567. — II, 195: 'sanguis emicat exultans alte' 'ein Blutstrahl hoch aufspringt.' — II, 100: 'quaecumque magis condenso conciliatu exiguis intervallis convecta resultant.'

Domare.
: II, 1142: 'nec tuditantia rem cessant extrinsecus ullam corpora conficere et plagis infesta domare.'

Domus.*
: VI, 358: 'concutitur caeli domus;' ähnlich oft: 'caeli templum.' III, 771: 'an metuit (anima) conclusa manere in corpore putri et domus aetatis spatio ne fessa vetusto obruat?' Auch wir bezeichnen den Leib als die Behausung der Seele. Zu vergleichen ist auch das griechische 'σκῆνος,' z. B II. Cor. 5. 4: 'οἱ ὄντες ἐν τῷ σκήνει στενάζομεν βαρούμενοι' und ναός, z. B. Ev. Joh. II, 21: 'ναὸς τοῦ σώματος.'

Dorcas.*
: IV, 1153: 'nervosa et lignea 'dorcas' (sc. nominatur).

Ducere, introducere, perducere, subducere.
: V, 1404: 'ducere multimodis versus.' — III, 627: 'pictores itaque et scriptorum saecla priora sic animas introduxerunt sensibus auctas' entsprechend dem griechischen 'εἰσάγειν.' — IV, 535: 'perpetuus sermo nigrai noctis ad umbram aurorae perductus ab exoriente nitore.' — II, 69/70: 'longinquo fluere omnia cernimus aevo ex oculisque vetustatem subducere nostris.'

Dulcedo.
: VI, 1262 ff.: 'multa . . . corpora silanos ad aquarum strata iacebant interclusa anima nimia ab dulcedine aquarum' (Vgl. c. II).

Dulcis.
Plaut, Rud. II, 3. 33/34: 'ut ego amo te, mea Ampelisca: ut dulcis es.' Vgl. auch As. III, 3. 24. — Lucrez V, 270: 'materies umoris... super terras fluit agmine dulci.' — id. VI, 637. — V, 1382: 'inde minutatim dulcis didicere querellas, tibia quas fundit digitis pulsata canentum.' — V, 1395: 'dulces cahinni.' V, 1401.— Vgl. Hor. c. II, XIII, 37: 'dulci sono decipitur.' Vgl. c. II.

Durare.
Dies Wort wird von Lucrez öfter metaphorisch als in seiner Grundbedeutung gebraucht. III, 809: 'durare aetatem per omnem.' V, 57. — 356. IV, 715. Vgl. c. II.

Durus.
III, 997: 'durum laborem;' dieselbe Verbindung V, 1357 und 1358. — V, 815: 'dura frigora.' — V, 941: 'pabula dura.' — V, 922: 'at genus humanum multo fuit illud in arvis durius' = abgehärteter. Nie gebraucht Lucrez durus im Sinne von 'grausam,' was wir doch so oft bei den besten Schriftstellern finden. Dass schon Plautus dies Wort öfter im bildlichen als im eigentlichen Sinn gebraucht, Terenz nur in übertragner Bedeutung, bemerkt P. Langen a. a. O.

Effertus.*
Plaut. capt. I, 1. 8: 'hereditatem ecfertissumam.' VI, 256: 'nimbus effertus tenebris.'

Effetus.*
VI, 843 ff.: 'quo magis est igitur tellus calore effeta, fit quoque frigidior qui in terrast abditus umor.' Vgl. mater, parere, gremium, fetus, fundere.

Egestas.
I, 139. III, 260: 'patrii sermonis egestas.'

Eructare.*
III, 1009 ff.: 'lucis egenus Tartarus horriferos eructans faucibus aestus.'

Evellere.
III, 327: 'e thuris glaebis evellere odorem.' Vgl. c. II.

Exedere, peredere.*
V, 1250: flammeus ardor horribili sonitu silvas exederat altis ab radicibus.' Vgl. Hor. c. III, 4. 75: 'nec peredit impositam celer ignis Aetnam.' Wenn nun die Leidenschaften des Menschen einem im Herzen brennenden Feuer verglichen werden, so wird

natürlich auch von ihnen gesagt, dass sie 'verzehren.' Catull. 35. 15: 'ignes interiorem edunt medullam' 66. 23: 'quam penitus maestas exedit cura medullas.' — — Lucrez I, 326: 'vesco sale saxa peresa.' Vgl. Hor. c. III, 29, 36: 'flumen lapides adesos solvit.' — Lucrez III, 413: 'tantula pars oculi media illa peresa est.' — In anderer Weise überträgt Ter. Phorm. II. 2. 4 exedere: 'tute hoc intristi, tibi omnest exedendum;' es ist dies wohl eine sprichwörtliche Redensart, genau entsprechend unserem derben 'er mag ausessen, was er sich eingebrockt hat.'

Exesor.*

IV, 216 ff.: 'Huit aestus ab undis aequoris, exesor moerorum.'

Exordium.*

Die t. t. des Weberhandwerks werden häufig von Lucrez metaphorisch gebraucht, so ausser exordium auch textus, textum, textura, filum, texere, re- per- und detexere. Uebrigens überträgt Plautus (Bacch. II, 3. 116. 117. Pseud. I, 4. 6) die Worte exordiri, tela, detexere in gleicher Weise, und dass $\sigma v \mu \pi \lambda \acute{\epsilon} \kappa \omega$, $\grave{\epsilon} \mu \pi \lambda \acute{\epsilon} \kappa \omega$ von Epikur metaphorisch gesetzt wird, werden wir im II. Kapitel sehen. Mit Vorliebe entlehnt Horaz von diesem Gebiet Metaphern und Gleichnisse (Vgl. sat. II, 3. 2). — Lucrez IV, 112: 'exordia rerum cunctarum quam sint suptilia percipe paucis.' — V, 330: 'recens naturast mundi neque pridem exordia cepit.' V, 471 u. 675 (Vgl. c. II). II, 1061 ff. — V, 429: 'tandem conveniant ea, quae convecta repente magnarum rerum fiunt exordia semper.'

Fabricator.

III, 472: 'nam dolor ac morbus leti fabricator uterquest.'

Faex.

V, 1139: 'res itaque ad summam faecem turbasque redibat.'

Fatigare.

V, 1421: 'tunc igitur pelles, nunc aurum et purpura curis exercent hominum vitam belloque fatigant' (Vgl. c. II).

Fax.*

'nocturnas faces caeli.' — V, 1189: 'noctivagae faces caeli.' Vgl. Horaz c. IV, 6. 38: 'crescentem face Noctilucam.' — Lucr. V, 974: primi homines respectabant, dum rosea face sol inferret lumina caelo. An anderen Orten wird lampas in gleicher Weise gesetzt.

Ferre, auferre, conferre, deferre, transferre.

Der Gebrauch von 'fertur, ferunt' für dicitur, dicunt ist auch bei Lucrez so häufig, dass ich mir wohl das Aufzählen einzelner Beispiele ersparen darf. — III, 953: 'aufer abhinc lacrimas, balatro.' — IV, 840: 'conferre manu certamina pugnae.'

Fervere, effervere.*

II, 40: 'si non forte tuas legiones per loca campi fervere cum videas' II, 43: 'fervere cum videas classem lateque vagari.' — II, 928: 'cernimus vermis effervere, terram intempestivos quom putor cepit ob imbris.'

Fervescere.

III, 491: 'in aequore salso ventorum validis fervescunt viribus undae' (Vgl. c. II).

Fessus.

III, 772: 'domus aetatis spatio fessa.' V, 308: 'delubra deum simulacraque fessa.'

Fetus.*

I, 351: 'arbusta fetus in tempore fundunt.' I, 253: ,arbores fetu gravantur.' I, 1032: 'solis terra vapore fota novet fetus' (Vgl. effertus, mater, partus, fundere, gremium). V, 777: 'redeo ... ad mollia terrae arva, novo fetu quid primum in luminis oras tollere ... crerint.'

Figere.

IV, 1171: 'foribus miser oscula figit.'

Figurare.

II, 412: 'ac musaea mele, per chordas organici quae mobilibus digitis expergefacta figurant.' IV, 547: 'voces ... mobilis articulat verborum daedala lingua formaturaque labrorum pro parte figurat.'

Filum.

V, 578: 'nam prius omnia, quae longe semota tuemur aëra per multum, specie confusa videntur quam minui filum.' Vgl. V, 587 ff. V, 572: 'forma solis debet filumque videri.' — IV, 85: 'sunt igitur iam formarum vestigia certa, quae volgo volitant suptili praedita filo.' — II, 340: 'non omnibus omnia prorsum esse pari filo similique adfecta figura.'

Finis.

III, 590: 'finis dum vitae vertitur intra.'

Flaccidus.

V, 630: 'luna flaccidiore turbidine fertur inferior quam sol.'

Flagrare.

VI, 1166: 'intima pars hominum vero flagrabat ad ossa.' Vgl. c. II.

[Flare], conflare, efflare, reconflare.*

III, 70: 'sanguine civili rem conflant divitiasque conduplicant avidi.' VI, 1089: 'unde . . . possit cladem conflare morbida vis hominum generi.' — V, 649: 'ubi de longo cursu sol ultima caeli impulit atque suos efflavit languidus ignis.' — II, 832: 'omnem efflare colorem particulas.' Über conflare auch bei Terenz vgl. c. II.

Flectere.

V, 1184: 'ergo perfugium sibi habebant omnia divis tradere et illorum nutu facere omnia flecti.' — V, 1404: 'ducere multimodis voces et flectere cantus.' — III, 500: 'ubi morbi reflexit causa.'

Flere.*

I, 348: 'in saxis ac speluncis permanat aquarum liquidus umor et uberibus flent omnia guttis.'

Florere.*

V, 909: 'gemmis florere arbusta suesse.' V, 1440: 'mare velivolis florebat puppibus.' — IV, 448: 'lucernarum florentia lumina flammis.' — I, 255: 'hinc laetas urbes pueris florere videmus.' — I, 1033: 'summissa gens animantum floreat.' — V, 880: 'circum tribus actis impiger annis floret equus.' Vgl. c. II.

Florescere.*

II, 72: 'corpora unde abeunt minuunt, quo venere augmine donant. illa senescere at haec contra florescere cogunt.' V, 892: 'quae neque florescunt pariter nec robora sumunt corporibus.'

Flos.*

Bei Plautus (Curc. I, 2. 1) lesen wir: 'flos veteris vini.' — Lucrez III, 221: 'Bacchi cum flos evanuit': 'wenn des Weines Blume verflogen ist.' II, 848: 'nardi flos, nectar qui naribus halat.' — I, 900: 'donec flammai fulserunt flore coorto.' — IV, 1125: 'nequiquam, quoniam medio de fonte leporum surgit amari aliquid, quod in ipsis floribus angat.' Vgl. c. II.

Fluctuare, perfluctuare.

VI, 367: 'ignibus et ventis furibundus fluctuat aër.' Vgl. c. II.

III, 718: 'animantum copia tanta exos et exanguis tumidos perfluctuat artus.'

Fluctus.

IV, 673: 'fluctus odorum.' Vgl. Aetius (Plutarchus) IV, 19, 2 p. 408 D: *Ἐπίκουρος τὴν φωνὴν εἶναι ῥεῦμα ἐκπεμπόμενον ἀπὸ τῶν φωνούντων ἢ ἠχούντων ἢ ψοφούντων* (Us. Epic.). VI, 142: 'sunt etiam fluctus per nubila, qui quasi murmur dant in frangendo graviter.' VI, 1051: Magnetis aestus 'cogitur offensare igitur pulsareque fluctu ferrea textu suo.' — V, 1287: 'aere belli miscebant fluctus.' Vgl. c. II.

Fluenter.

IV, 223 ff. VI, 931: 'usque adeo omnibus a rebus res quaeque fluenter fertur.'

Fluere, affluere, confluere, defluere, diffluere, effluere.*

Auch Lucrez bestätigt die von Nägelsbach (Stilistik VII. Aufl. v. Müller p. 470 ff.) gemachte Beobachtung, dass unter den lateinischen Metaphern die Bilder des Fliessens, Giessens vorherrschen. Fast alle in diese Begriffssphäre fallenden Worte wendet Lucrez bildlich an, so ausser den oben genannten fluctuare, perfluctuare, fluitare, abundare, redundare, rigare, irrigare, fundere und viele andere. Das Gleitende der Bewegung, welches durch fluere, fluctus, etc. bezeichnet wird, eignet sich besonders, um die Bewegung der Luft, der Gerüche, der Atome, der Gestirne zu charakterisieren. Wir brauchen daher nicht anzunehmen, dass Lucrez, indem er oft solche Metaphern gebraucht, in den Fussstapfen seines Meisters Epikur wandle, der ῥεῦμα, ῥεῦσις, ῥύσις, ἀπόρροια, διαρρεῖν häufig gerade auch mit den genannten Begriffen verbindet. (S. Diog. Laert. 46, 48, 52, 89, 104, 111). Vgl. auch Plut. adv. Coloten 16 p. 1116c (Us. Epic.): *τὰ δὲ συγκρίματα πάντα ῥευστὰ καὶ μεταβλητὰ εἶναι, μυρίων εἰδώλων . . ῥεόντων.* — Galen. de facult. nat. T 14 t II p. 45 K. (Us. Epic.): *Ἐπίκουρος μὲν οὖν ὁμολογεῖ πρὸς μὲν τῆς Ἡρακλείας λίθου τὸν σίδηρον ἕλκεσθαι, πρὸς δὲ τῶν ἠλέκτρων τὰ κυρήβια, καὶ πειρᾶται γε καὶ τὴν αἰτίαν ἀποδιδόναι τοῦ φαινομένου· τὰς γὰρ ἀπορρεύσας ἀτόμους ἀπὸ τῶν λίθων . . . .* Lucrez IV, 672: 'primum res multas esse necessest, unde fluens volvat varius se fluctus odorum, et fluere et mitti volgo spargique putandumst.' Vgl. IV, 693; 216. VI, 924. — I, 277: venti non 'ratione fluunt alia ... et cum mollis aquae fertur natura repente flumine abundanti.' — V, 506/507: 'nam modice fluere atque uno posse aethera nisu significat l'ontos.' Vgl. V, 513. 522 ff. 635 ff. — I, 387: 'aër ... circum celerantibus auris confluat.' V, 500: 'liquidissimus aether atque levissimus aërias super influit auras.' — IV, 257: 'cum acre fluit frigus.' — V, 599: 'ex uno capite hic ut profluat aether.' — II, 1119: 'ubi nilo iam plus est quod datur intra vitalis venas quam quod fluit atque recedit.' VI, 990: 'argentoque foras aliud vitroque meare, nam fluere hac species, illac calor ire videtur.' — V, 699: 'alternis partibus anni tardius et citius consuerunt confluere ignes.' III, 196: 'papaveris aura potest suspensa levisque cogere ut ab summo tibi diffluat altus acervus.' Oft finden wir die Bewegung der Atome durch die Verba des Fliessens ausgedrückt. II, 1128: nam certe fluere atque recedere corpora rebus multa manus dandum est. Vgl. II, 1139 ff. IV, 153 ff. 223, 330, 857. V, 275. VI, 921, 1000. I, 176/177: 'certa suo quia tempore semina confluxerunt.' Vgl. I, 902, 986, 993. V, 597 ff., 658, 666. VI, 312, 1149, 50. III, 515: 'at neque transferri sibi partis nec tribui vult inmortale quod est quicquam neque defluere hilum.' V, 280: 'adsidue quoniam fluere omnia constat' entsprechend dem Heraclitischen 'πάντα ῥεῖ.'

Eine andere bildliche Bedeutung des Wortes fluere lesen wir VI, 795: 'manibus (mulieris sopitae) nitidum teneris opus effluit;' es bezeichnet das Entgleiten aus den durch Ohnmacht schlaff gewordenen Händen. Vgl. auch Catull, LXV, 17: 'ne tua dicta effluxisse me forte putes animo.' — Das Schlaffwerden der Glieder selber infolge des Schlafes oder Todes wird ebenfalls durch fluere ausgedrückt. IV, 916: 'dissolvuntur enim tum demum membra fluuntque.' VI, 1202: 'huc hominis totae vires corpusque fluebat.' Das allmähliche Dahinschwinden, Vergehen der Dinge wird durch fluere II, 69 bezeichnet: 'quasi longinquo fluere omnia cernimus aevo.' — Diffluere = zu Grunde gehen lesen wir I, 1038: 'privata cibo natura animantum diffluit amittens corpus.' Affluere (nicht affluere) wird ebenso wie abundare metaphorisch gebraucht. So schon Plautus, Pseud I, 2. 57: 'ut frumento affluam.' — Lucr. III, 683: 'convenit ut sensu corpus affluat omne.' — VI, 12/13: 'divitiis homines et honore et laude potentis affluere.' — Eur. Troad. 995: ‚τὴν Φρυγῶν πόλιν χρυσῷ ῥέουσαν ἤλπισας κατακλύσειν δαπάναισιν.' — Cic. de nat. deor. I, 19: 'nihil omnibus bonis affluentius.' — Terenz gebraucht perfluo in ähnlicher Weise; Eun. I, 2. 25: 'plenus rimarum sum, hac atque illac perfluo.'

Fluitare, flutare.*

II, 1011: 'corpora prima, quod in cunctis fluitare videmus rebus.' — IV, 73 ff.: 'et volgo faciunt id lutea russaque vela et ferrugina, cum, magnis intenta theatris, per malos volgata trabesque trementia flutant: namque ibi consessum caveai supter et omnem scaenai speciem claram variamque deorsum inficiunt coguntque suo fluitare colore.' — Lucil. sat. fr. 190: 'fluitare capronas altas.'

Flumen.

II, 354: 'sanguinis flumen.' VI, 257: 'picis flumen.' Wenn wohl auch flumen ursprünglich weiter nichts als das Fliessende bezeichnete, so war doch jedenfalls zu Lucrez Zeit die Bedeutung 'Fluss' so eingewurzelt, dass wir Verbindungen, wie die obigen zu den Metaphern zu zählen berechtigt sind. VI, 1060: 'interutraque igitur ferri natura locata aeris ubi accepit quaedam corpuscula, tum fit, inpellant ut eam Magnesia flumine saxa.' Weder fluere noch flumen überträgt Lucrez auf Geistiges.

Fons.*

(Vgl. fluere, caput). V, 281: 'largus idem liquidi fons luminis, aetherius sol.' — V, 595: 'nam licet hinc mundi patefactum totius unum largifluum fontem scatere atque erumpere lumen.' — IV, 1125: 'quoniam medio de fonte leporum surgit amari aliquid.' Dass Plautus fons bildlich auch mit Abstractis verbindet, beweist Truc. II, 7. 50: 'fons viti et peiiuri.' Allegorie ist zu nennen, was wir bei Lucrez I, 927 lesen: 'iuvat integros accedere fontis atque haurire.' Vgl. Rückert, östl. Rosen, VII. Abschnitt: 'Aus iran'schem Naftabronnen — Schöpft der Greis itzt, was die Sonnen — Einst Italiens ihm, dem Jüngling kochten.' Vgl. c. II.

Fornax.*

VI, 200: 'venti quaerentes viam circumversantur et ignis semina convolvunt e nubibus atque ita cogunt multa, rotantque cavis flammam fornacibus intus.' — VI, 277: ventus insinuatus in nubes 'vortex versatur in arto et calidis acuit fulmen fornacibus intus.' — VI, 680: 'nunc tamen illa modis quibus inritata repente flamma foras vastis Aetnae fornacibus efflet, expediam.'

Frangere, infringere.

VI, 694: 'mare montis ad eius radices frangit fluctus.'

(Vgl. c. II). III, 152 ff.: 'ubi vementi magis est commota metu mens ... videmus ... infringi linguam vocemque aboriri.'

[Frenare], refrenare.

I, 850: 'neque ab exitio res ulla primordia refrenat.' Vgl. VI, 568 ff. — II, 281: 'copia materiai ... proiecta refrenatur retroque residit.' — VI, 530: 'vis magna geli ..., fluvios quae passim refrenat euntis.' Vgl. c. II.

[Frigescere], refrigescere.

IV, 701: 'refrigescit cunctando plaga per auras.'

Frons.

IV, 69: 'prima fronte locata corpora.' I, 879; IV, 201; IV, 296. — VI, 116/17: 'fit quoque enim interdum, ut non tam concurrere nubes frontibus adversis possint, quam de latere ire.' VI, 1022 ff.

Fructus.

II, 971. V, 1408: 'fructum capiant dulcedinis.' — III, 910: 'hoc etiam faciunt ubi discubuere tenentque pocula saepe homines et inumbrant ora coronis ex animo ut dicant: 'brevis hic est fructus homullis.' — III, 1005: 'vitai fructus.' — IV, 1065: ‚Veneris fructus' = Liebesgenuss. Dass im Griechischen $καρπίζεσθαι$, $απολαύειν$ in ähnlicher Weise metaphorisch gebraucht wird, ist bekannt. Vgl. c. II.

Frui.

IV, 1070: 'nec constat quid primum oculis manibusque fruantur.' — III, 199: 'igitur parvissima corpora pro quam et levissima sunt, ita mobilitate fruuntur. Vgl. c. II.

Fucare.*

I, 643: 'stolidi vera constituunt quae belle tangere possunt auris et lepido quae sunt fucata sonore.*

Fuga.

I, 1046: 'plagae interdum resilire coguntur et una principiis rerum spatium tempusque fugai largiri.'

Fugere, confugere, effugere, interfugere, suffugere.

Die mannigfachsten Uebertragungen dieser Worte waren schon zu Plautus Zeiten und vorher im Gebrauch. Vgl. die als eine Nachahmung Homers zu betrachtende Stelle bei Livius Andron. Od. fr. 3: 'quid verbi ex tuo ore supera fugit.' — Plaut. Epid. I, 1. 28: 'arma ad hostes transfugerunt.' Dass auch im Griechischen und Deutschen die den oben angeführten Verben entsprechenden

Ausdrücke sehr häufig als Metaphern gebraucht werden, ist bekannt. Mit Unbelebtem verbindet Lucrez fugere I, 6/7: 'te, dea, te fugiunt venti.' — I, 307: „neque quo pacto persederit umor aquai visumst, nec rursum quo pacto fugerit aestu.' Vgl. I, 1091. — IV, 387: 'fugere ad puppim colles campique videntur, quos agimus praeter navem velisque volamus. — Vgl. II, 713 ff., V, 806 ff.; VI, 1041 ff.; 1045. — Statt vitare steht fugere VI, 779: 'nec sunt multa parum tactu vitanda neque autem aspectu fugienda.' Vgl. IV, 505 ff.; II, 304: 'non quo possit genus ullum materiai effugere ex omni quicquam est usquam.' — VI, 332: (fulmen) 'inter enim fugit ac penetrat per rara viarum.' — IV, 358: ubi angulus sensum suffugit, fit quasi ut ad tornum saxorum structa tuamur. Vgl. V, 148 ff. und c. II. — Dass die Griechen φεύγειν, φυγή in gleicher Weise bildlich gebrauchen, ist schon erwähnt und durch ein Beispiel belegt. Man vergleiche überdies Diog. L. 125: οἱ πολλοὶ τὸν θάνατον ὡς μέγιστον τῶν κακῶν φεύγουσιν,' ferner 129, 145 u. ö.

Fugitare.

IV, 322: 'splendida porro oculi fugitant.' VI, 1236: 'suos fugitabant visere ad aegros.' Vgl. c. II.

Fulcire, suffulcire.*

II, 1146: 'omnia debet fulcire cibus.' Von Horaz (sat. II, 3. 154) wird fultura ähnlich gebraucht: 'ingens accedat stomacho fultura ruenti.' Vgl. c. II. — IV, 864: 'propterea capitur cibus, ut suffulciat artus.' Dass Lucrez sich wohl bewusst war, dass er sich hier eines bildlichen Ausdrucks bediene, beweist IV, 947, wo er quasi einfügt: 'et quoniam non est quasi quod suffulciat artus.'

Fulmen.*

III, 1032: 'Scipiadas, belli fulmen.'

Fumare.

VI, 459: 'vicina cacumina caelo quam sint quoque magis, tanto magis edita fument adsidue furvae nubis caligine crassa.'

Fundamentum.

II, 862: 'immortalia si volumus subiungere rebus fundamenta.' — III, 584: fundamenta corporis. — I, 572: 'funditus omnis principio fundamenti natura carebit.' (Vgl. c. II).

Fundare.

Wird ebenso wie fundamentum von Lucrez übertragen; er sagt fundare terram, mare, sidera. V, 67 ff.; 160 ff.; 416 ff. Ebenso finden wir entsprechend dem fundamentum corporis V,

922: 'genus humanum ... solidis magis ossibus intus fundatum.' Vgl. c. 11.

Fundere, circumfundere, confundere, diffundere, effundere, perfundere, profundere, suffundere.
Vgl. fluere. IV, 373: 'semper enim nova se radiorum lumina fundunt.' — II, 147: 'quam subito soleat sol ortus tempore tali convestire sua perfundens omnia luce.' — Vgl. Catull. LXIV, 202: 'has postquam maesto profudit pectore dicta.' — Lucrez VI, 479: 'nebulae aestusque suffundunt sua caelum caligine.' — II, 114 115: 'cum solis lumina cumque inserti fundunt radii per opaca domorum.' — I, 9: „placatumque nitet diffuso lumine caelum.' Vgl. III, 22. — V, 570: 'calor quoniam solis lumenque profusum perveniunt nostros ad sensus.' Vgl. V, 765. — VI, 1143: 'principio caput incensum fervore gerebant et duplicis oculos suffusa luce rubentes.' VI, 400: 'denique cur numquam caelo iacit undique puro Juppiter in terras fulmen sonitusque profundit?' VI, 210 ff. — V, 469: 'aether late diffusus in omnis undique partis.' — IV, 88: 'praeterea omnis odor, fumus, vapor atque aliae res consimiles ideo diffusa a rebus abundant.' V, 591 ff. II, 821: 'omne genus perfusa coloribus in omni genere.' — Kühner ist das Bild III, 39: 'omnia suffundens mortis nigrore.' Vgl. IV, 921. — II, 439: 'semina confundunt inter se concita sensum.' — IV, 556: 'aëra per multum confundi verba necessest.' — IV, 558. 610. — IV, 928: 'tu fac, ne ventis verba profundam.' Der Lateiner dehnt hier den bildlichen Ausdruck auch aufs Verbum aus, wir beschränken denselben auf das Object: 'in den Wind sprechen.' Ueberhaupt ist der Lateiner mit dem metaphorischen Gebrauch dieser Worte freigebiger als wir. Auch wir sagen zwar: 'das Licht ergiesst sich.' 'Düfte ergiessen sich,' Wendungen wie 'fulmen fundere,' colores fundere,' 'corpora diffusa' sind uns nicht geläufig. IV, 573; VI, 6. Zum Beleg für das Alter des metaphorischen Gebrauchs dieser Worte vergleiche Enn. ann. fr. 337: 'inde loci litmus sonitus effundit acutos.' Lucr. VI, 52; I. 352.

I, 87/88: 'infula virgineos circumdata comptus ex utraque pari malarum parte profusast.' Vgl. Hor. sat. I, 3. 31: 'defluit toga.' — V, 1371: 'olearum caerula ... plaga ... per tumulos ... profusa.' — Besonders poetisch und anschaulich ist die Metapher, welche wir I, 38/39 lesen: 'hunc tu, diva, tuo recumbentem corpore sancto circum fusa super;' durch kein treffenderes Bild konnten die weichen, fliessenden Linien des Körpers der Schaumgeborenen gezeichnet werden.

IV, 79: 'quanto circum mage sunt inclusa theatri moenia, tam magis haec intus perfusa lepore omnia conrident correpta luce diei.'

Das reichliche Hervorbringen von Menschen (gebären) sowohl wie von Dingen bezeichnet fundere und profundere. (Nägelsb. Stil. §. 130, 2) Profundere gebraucht Lucrez in diesem Sinne nur einmal. I, 174: 'praeterea cur vere rosam, frumenta calore, vites autumno fundi suadente videmus.' — I, 351. Vgl. Hor. c. IV, 7. 11/12: ‚simul pomifer autumnus fruges effuderit.' — V, 819: 'terra... genus ... creavit humanum atque animal prope certo tempore fudit-omne.' — V, 223: 'nudus humi iacet, infans, indigus omni vitali auxilio, cum primum in luminis oras nixibus ex alvo matris natura profudit.' Vgl. Lactant. de opif. dei II, 10 (Usen. Epic.): 'qui (homo) neque movere se loco, ubi effusus est, possit.' — Besonders deutlich tritt uns die Bedeutung des reichlichen Hervorbringens entgegen bei Lucil. fr. 84: 'non peperit, verum postica parte profudit.'

Wie fluere bedeutet profundere und effundere das Schlaffwerden oder Schlaffsein der Glieder Schlafender, Sterbender oder Gestorbener. IV, 755: 'nec ratione alia, cum somnus membra profudit, mens animi vigilat.' — VI, 743: 'remigi oblitae pennarum vela remittunt praecipitesque cadunt molli cervice profusae in terram.' — III, 113: 'effusum iacet sine sensu corpus onustum.'

Was ausgeschüttet wird, geht nutzlos zu Grunde. Daher III, 938: 'sin ea quae fructus cumque es periere profusa'.

Die Anwendung von confundere für disturbare ist so allgemein, dass ich es mir wohl ersparen darf, den Wortlaut einzelner Stellen aus Lucrez anzuführen. Ich verweise auf II, 321; V, 579; VI, 598. 604 ff. Vgl. c. II.

Als Beweiss, dass die mannigfachen Uebertragungen dieser Verba, wie schon bemerkt wurde, alt sind, mögen noch folgende Stellen dienen. Profundere, ecfundere im Sinne von verschwenden finden wir bei Terenz. So Adelph. I, 2. 53. — V, 9. 34. Fundere in Verbindung mit sonitus bei Ennius fand schon Erwähnung. Entsprechend dem bildlichen Gebrauch von confundere ist die Anwendung von συγχέω im Griechischen. Diog. Laert. 48: 'καὶ γὰρ ῥεῦσις ἀπὸ τῶν σωμάτων τοῦ ἐπιπολῆς συνεχής, οὐκ ἐπίδηλος τῇ

μειώσει διὰ τὴν ἀνταναπλήρωσιν, σῴζουσα τὴν ἐπὶ τοῦ στερεμ-
νίου θέσιν καὶ τάξιν τῶν ἀτόμων ἐπὶ πολὺν χρόνον, εἰ καὶ ἐνίοτε
συγχεομένη ὑπάρχει.'

Funditus.
  V, 1433: 'belli magnos commovit funditus aestus.' V, 1447.

Funus.*
  V, 326/7: 'cur supera bellum Thebanum et funera Troiae non alias alii quoque res cecinere poëtae.' — Vgl. Hor. c. I, 37. 6/8: 'dum Capitolio regina dementes ruinas funus et imperio parabat.' — III, 709: 'quapropter neque natali privata videtur esse die natura animae nec funeris expers.'

Gelidus.*
  III, 528: 'gelidi vestigia leti.' Vgl. c. II.

Gemmare.*
  II, 319: 'herbae gemmantes rore recenti.' V, 461.

Glacies.*
  I, 493: 'tum glacies aeris flamma devicta liquescit.'

Gradi, congredi.
  IV, 526: 'praeterea radit vox fauces saepe, facitque asperiora foras gradiens arteria clamor.' Congredi wird besonders von den Atomen gebraucht. II, 549: (corpora genitalia) 'unde ubi qua vi et quo pacto congressa coibunt.' Vgl. II, 941. V, 191 und 426. Auch gradi und seine Comp. werden schon von Plautus metaphorisch gebraucht. So finden wir 'mare adgreditur oras' Men. II, 1, 12, 'praeda progreditur foras' Persa IV, 5. 7.

Gravescere, ingravescere.
  VI, 337: 'impetus (fulminis) gravescit.' — VI, 570: 'nunc quia respirant (sc. venti) alternis inque gravescunt.'

Gravidus.*
  VI, 259: 'fulminibus gravidam tempestatem' VI, 440: 'quam simulac gravidam detrusit ad aequora ponti (nubem), ille in aquam subito totum se inmittit (turbo) et omne excitat ingenti sonitu mare fervere cogens.' — VI, 295: Die Hdschr. haben hier 'vis extrinsecus insita venti incidit in valida maturo culmine nubem.' Munro und Bernays schreiben für 'valida' 'calidam,' Lachmann, gravidam.' Ich zögere nicht, mich Lachmanns Emendation, gestützt auf die eben angeführten Stellen, anzuschliessen. Die Richtigkeit derselben wird noch wahrscheinlicher gemacht durch das Attribut zu fulmine: maturo, sowie dadurch, dass Lucrez auch

sonst das Entstehen des Blitzes einem Geburtsakt vergleicht, so VI, 170 ff. nasci, 210: (nubes) 'ignes profundunt.' 211/212. Dass auch wir dieses Bildes uns bedienen, ist bekannt: 'Verderbenträchtig, schwanger mit dem Blitz der Waffen' (Schiller, Zerstörung von Troja 40).

Gravis.

Wird für vehemens, teter, noxius gesetzt. VI, 281: 'gravis ignis impetus.' — VI, 285. 290. 323. — VI, 222: 'notae (fulminis) gravis balantis sulpuris auras.' VI, 794. — VI, 783: 'arboribus primum certis gravis umbra tributa usque adeo, capitis faciant ut saepe dolores, siquis eas supter iacuit prostratus in herbis.' VI, 782. 802.

[Gregare], congregari.

VI, 455: 'haec faciunt primum parvas consistere nubes: inde haec comprendunt inter se conque gregantur.'

Gremium.*

I, 250: 'postremo pereunt imbres, ubi eos pater aether in gremium matris terrai praecipitavit.' VI, 538: 'multos lacus multasque lucunas in gremio gerere' (st. terram). — II, 374: 'concharumque genus parili ratione videmus pingere telluris gremium.'

Gustare, degustare.*

(Vgl. c. II.) II, 191: 'cum (ignes) celeri flamma degustant tigna trabesque.'

Habena.*

II, 1095: 'quis habere profundi indu manu validas potis est moderanter habenas?' V, 783: 'arboribus datumst variis exinde per auras crescendi magnum inmissis certamen habenis.' Aehnlich übertragen die Griechen χαλινός; vgl. Aesch. sept. 226. Soph. Antig. 108/109.

Haerere, obhaerere.

'Alte terminus haerens.' I, 77. 596. V, 90. VI, 66. III, 1066: 'hoc se quisque modo fugit: at quom, scilicet, ut fit, effugere haut potis est, ingratis haeret et odit propterea.' (Vgl. c. II.) IV, 418: 'in medio nobis equus acer obhaesit flumine.'

Haurire, exhaurire.

V, 988: 'unus enim tum quisque magis deprensus eorum pabula viva feris praebebat, dentibus haustus.' V, 1321: 'iactabantque suos tauri pedibusque terebant, et latera ac ventres hauribant supter equorum cornibus.' — Weitergehend schon ist, was wir VI,

140/41 lesen: (flatus) 'in terra cum tamen alta arbusta evolvens radicibus haurit ab imis.' — VI, 1136: 'haec ratio quondam morborum et morti' fera finibus in Cecropis funestos reddidit agros vastavitque vias, exhausit civibus urbem.'

Haustus.

V, 1066: (canes Molossi catulos) 'iactant pedibus morsuque petentes suspensis teneros minitantur dentibus haustus.'

Hospes.

V, 984: 'intempesta cedebant nocte paventes hospitibus saevis (suibus, leonibus) instrata cubilia fronde.'

Jacere, subicere, traicere.

I, 663: 'aestifer ignis uti lumen iacit et vaporem.' II, 673 ff. — IV, 1048; 1057. IV, 576: vocem iacere. Vgl. c. II. II, 1043: (clara lux caeli, luna, sol, stellae) 'nunc si primum mortalibus essent ex improviso subiecta repente.' — IV, 422: 'quocumque oculos traiecimus.' Vgl. c. II. Ueber $\dot{\epsilon}\pi\iota\beta o\lambda\acute{\iota}$, $\dot{\epsilon}\kappa\beta\acute{\alpha}\lambda\lambda\epsilon\iota\nu$ bei Epicur s. c. II.

Jacere.

II, 517: 'mediique tepores interutraque iacent' (calorem et frigus). V, 872: 'haec aliis praedae lucroque iacebat.' Vgl. c. II. — Diog. Laert. 131: '$\tau\grave{\alpha}\varsigma$ $\dot{\epsilon}\nu$ $\dot{\alpha}\pi o\lambda\alpha\acute{\upsilon}\sigma\epsilon\iota$ $\kappa\epsilon\iota\mu\acute{\epsilon}\nu\alpha\varsigma$ (sc. $\dot{\eta}\delta o\nu\acute{\alpha}\varsigma$). Epic. epist. III).

Jactare.

II, 822: 'conveniebat enim corvos quoque saepe volantis ex albis album pinnis iactare colorem.' V, 303. — III, 46/47: 'hinc licet advertas animum magis omnia laudis iactari causa quam quod res ipsa probetur.' IV, 590. Vgl. c. II.

Jaculor.

IV, 1129: (amica) 'in ambiguo verbum iaculata reliquit.' Vgl. c. II.

Janua.*

I, 1103: ,nam quacumque prius de parti corpora desse constitues, haec rebus erit pars ianua leti.' V, 373: 'haut igitur leti praeclusa est ianua caelo.'

Icere.

II, 327: 'clamore montes icti.'

Ictus.

II, 808: 'luminis ictu.' Vgl. D. Laert. 53: '$\tau\grave{\eta}\nu$ $\gamma\epsilon\nu o\mu\acute{\epsilon}\nu\eta\nu$ $\pi\lambda\eta\gamma\grave{\eta}\nu$ $\dot{\epsilon}\nu$ $\dot{\eta}\mu\tilde{\iota}\nu$, $\ddot{o}\tau\alpha\nu$ $\varphi\omega\nu\grave{\eta}\nu$ $\dot{\alpha}\varphi\iota\tilde{\omega}\mu\epsilon\nu$' (Epic. epist. I).

Imago.*
  IV, 569: 'imagine verbi' = Echo.
Imbuere.
  II, 500: ‚aurea, pavonum, rident imbuta lepore saecla, nova rerum superata colore iacerent.' Cod. quadr. überliefert 'superata colora.' Franciscus Medices emendiert: ‚ridenti lepore' und 'novo rerum colore;' hiebei vermissen wir aber die Partikel et oder que. Bernays nimmt eine sehr einschneidende Aenderung vor, indem er schreibt:
    ‚caudaque pavonum ridenti imbuta lepore
    caeca novo rerum superata colore iacerent.'
Lachmann zieht aurea als Attribut zu purpura; aurea purpura sei so viel als purpura 'auro ornata sive auro picta.' Er schreibt: 'aurea, pavonum ridenti imitata lepore saecla.' Entfernt sich Bernays' Emendation gar zu weit vom überlieferten Text, so will mir an Lachmanns Vorschlag der Vergleich der Farbenpracht des Pfaues mit goldgesticktem Purpur nicht gefallen. Bei der feinen Naturbeobachtung, die wir allüberall bei Lucrez bewundern, wäre es doch auffallend, wenn er nicht bemerkt hätte, dass gerade diese beiden Farben dem buntschillernden Gewand des Pfaues fehlen. Dürfte nicht folgende Lesart vorzuschlagen sein:
    'purpura Thessalico concharum tacta colore
    aurea, pavonum et ridenti imbuta lepore
    saecla novo rerum superata colore iacerent.'
Die ja an sich nicht so sehr ungewöhnliche Nachstellung des et findet sich auch bei unserem Dichter III, 173. Der Sinn der Stelle ist klar und wir haben uns nicht so gar weit vom überlieferten Wortlaut entfernt. VI. 903: 'multaque praeterea prius ipso tacta vapore eminus ardescunt quam comminus imbuat ignis.'
Incumbere.
  V, 345: (res darent late cladem) 'si tristior causa incubuisset.'
VI, 1141: '(morbus) incubuit populo Pandionis omni.'
Ire, abire, adire, ambire, coire, exire, inire, obire, praeterire, prodire, redire, subire, transire.
  Die Uebertragung dieser Worte ist eine so häufige, dass es genügen muss, einige Beispiele herauszugreifen, um an ihnen den allmählichen Fortschritt des metaphorischen Gebrauches zu zeigen.
  IV, 964: 'proelia obire.' Obire entfernt sich hier noch sehr

wenig von seiner Grundbedeutung. Einen Schritt weiter bezeichnet die schon von Plautus und Terenz häufig gebrauchte Redewendung 'mortem obire.' Lucrez IV, 732; 1013. — V, 1118: letum obire. Dann findet sich obire allein im Sinne von mori, wobei das Bild von dem untergehenden Gestirne hergenommen ist z. B. III 1013/44. Ferner wird euphemistisch auch ire für mori gebraucht. III, 524: 'denique saepe hominem paulatim cernimus ire.' Es erinnert das an '$\mathit{\dot{\alpha}\pi\acute{\epsilon}\varrho\chi\epsilon\sigma\vartheta\alpha\iota}$ $\mathit{\tauο\tilde{υ}}$ $\mathit{\zeta\tilde{\eta}\nu}$,' was wir u. a. auch bei Diog. Laert. 127 finden. (Epic. ep. III). Aber auch dann wird abire, ire gebraucht, wenn jemand im Schlafe, in Betäubung, Ohnmacht aus dem Bewusstsein scheidet. III, 1064: 'abit in somnum.' I, 1100. IV, 994. Das Gegenbild ist 'redire ad se,' 'wieder zu sich kommen.' Auch diese Wendung ist schon alt. Lucilius sat. fr. 617: 'ni rediret ad se.' Mit den letzteren Beispielen stehen wir auf der Grenze zum zweiten Kapitel, zu dem Wendungen wie 'in memoriam redeo' (Plaut. capt. V, 4. 24) und 'in concordiam redire' (Plaut. Amphitr. III, 3. 7) bereits gehören.

Allen den angeführten Metaphern ist gemein, dass ire und seine Composita mit Belebtem verbunden wird. Ein Schritt weiter ist es, wenn die Bewegung lebloser Wesen durch diese Verba ausgedrückt wird. — Von grösster Wichtigkeit in der Lehre Epikurs ist die Bewegung der Atome, auf welche ja nach ihm der Ursprung aller Dinge zurückzuführen ist. Schon früher sahen wir, wie Lucrez diese Bewegung durch Verba ausdrückt, die ihrer Grundbedeutung nach nur mit Lebewesen verbunden werden können. Er thut dies teils der Abwechselung, teils der Anschaulichkeit halber, vielleicht auch, weil die Atome wie nach bestimmtem Plane die Welt durch Verbindung und Trennung formen, gleich als wenn sie vernunftbegabt wären. Dass sie das freilich nach Epikurs Anschauung nicht sind, erwähnte ich schon. Uebrigens verbindet auch Epikur $\pi\varepsilon\varrho\iota\acute{\varepsilon}\nu\alpha\iota$, $\dot{\varepsilon}\pi\varepsilon\iota\sigma\iota\acute{\varepsilon}\nu\alpha\iota$ mit Unbelebtem. Diog. L. 114: '$\mathit{\ddot{\alpha}\sigma\tau\varrho\alpha}$ . . $\mathit{\tau\grave{ο}\nu}$ $\mathit{α\mathit{ὐ}\tauὸν}$ $\mathit{κύκλον}$ $\mathit{περιόντα}$' (Ep. epist. II). 49: '$\mathit{\dot{ω}ς}$ $\mathit{τύπων}$ $\mathit{τινῶν}$ $\mathit{ἐπεισιόντων}$ $\mathit{ἡμῖν}$ $\mathit{ἀπὸ}$ $\mathit{τῶν}$ $\mathit{πραγμάτων}$' (Epic. ep. I). Lucrez VI, 871/872: rursus in antiquas redeunt primordia sedes ignis.' Plut. adv. Col. 16, p. 1116^e: '$\mathit{μυρίων}$ $\mathit{μὲν}$ $\mathit{εἰδώλων}$ $\mathit{ἀπερχομένων}$' (Usen. Epic.).

Weiterhin werden diese Verba, wie schon zur Zeit des Plautus und Terenz mit allen möglichen leblosen Dingen verbunden, so mit lux, fulmina, sidera, nubes, undae, amnes, tela, vox, odor. Plaut.

Merc. V, 2. 32: 'sol abit.' — Men. II, 1. 6: „mare omnes circumit insulas.' — Pseud. I, 3: 'it dies, ego cesso.' — Bacch. V, 2. 85. — Aul. II, 4. 22. — Lucr. V, 643 ff.; 735 ff. VI, 326: I, 489 ff.; 969 ff. II, 683; VI, 696 ff. 990/991; 1204 ff. Dass der Gebrauch auch später blieb, beweist Hor. c. I, II. 13/15: 'vidimus flavum Tiberim ... ire deiectum monumenta regis.' — Langen a. a. O. weist nach, dass das Verbum abire zuerst zu Terenz Zeiten in kühnerer Weise metaphorisch angewendet worden sei. (Vgl. c. II).

Iter.

II, 515: 'Denique ab ignibus ad gelidas iter usque pruinas finitumst.' (Vgl. c. II).

(Jungere), adiungere, coniungere, seiungere, subiungere.

Adiungere, coniungere, subiungere gebraucht Lucrez in bildlichem Sinne nur in Verbindung mit Abstractis. Seiungere findet sich II, 18: 'corpore seiunctus dolor.' II, 859 ff. (Vgl. c. II).

Labefacere.

V, 650: (solis ignis) 'concussos itere et labefactos aëre multo.'

Labes.

V, 927: 'labi corporis.' Vgl. Enn. an. VIII, fr. 193: 'metuo legionibus labem.'

Labi, elabi.

IV, 1115: 'labitur interea res et Babylonica fiunt.' V, 987: 'dulcia ... labentis lumina vitae.' Vgl. Hor. c. II, 14. 2. und cap. II. III, 956: 'imperfecta tibi elapsast ingrataque vita;' wir würden sagen: 'ist verronnen.'

Laedere.

V, 543: 'quaecunque foris veniunt inpostaque nobis pondera sunt laedunt.'

Lambere.*

V, 396: 'ignis enim superat et lambens multa perussit;' ähnlich gebrauchen wir vom Feuer 'züngeln,' 'emporzüngeln.' Horaz bezeichnet mit lambere das Bespülen des Ufers durch den Fluss: c. I, 22. 7.

Lampadium.

IV, 1157: 'flagrans, odiosa, loquacula, Lampadium fit.'

Lampas.*

V, 401/402: 'sol cadenti obvius aeternam suscepit lampada mundi.' V, 608: 'rosea sol alte lampade lucens.' Vgl. Eur. Jon

1467: 'ἀελίου δ'ἀναβλέπει λαμπάσιν.' - VI, 1196: 'nona reddebant lampade vitam.' — II, 79: lampas vitae Lebenslicht.
Languescere.
V, 766: 'cur nequeat certa mundi languescere parte (sc. luna).' Tacit annal I, 28: 'luna claro repente caelo visa languescere.'
Languidus.
V, 649/650: 'ubi de longo cursu sol ultima caeli impulit atque suos efflavit languidus ignis.' — I, 650/651: 'acrior ardor enim conductis partibus esset, languidior porro disiectis disque supatis.'
Latrare.*
II, 17: 'nil aliud sibi naturam latrare.' Vgl. Hor. sat. II, 2. 17/18: 'cum sale panis latrantem stomachum bene leniet.' Entsprechend dem Griechischen: 'νηδὺς ὑλακτοῦσα.' — In anderem Sinne finden wir das von latrare abgeleitete Substantiv oblatratrix (mil. glor. III, 1. 87), woselbst es ein 'belferndes' Weib bezeichnet. Auch in dieser Bedeutung findet sich ὑλακτέω. Soph. Electr. 299: 'τοιαύτ'' ὑλακτεῖ.' Eine Uebertragung auf Unsinnliches haben wir Enn. an. fr. 441: 'animus cum pectore latrat,' eine Nachahmung von Homer, Od. Y 13 und 16: 'κραδίη δὲ οἱ ἔνδον ὑλάκτει.' — Der bildl. Gebrauch von latrare erhielt sich in späte Zeiten. Lact. div. instit. 1, 2. 1: 'vetera voluit (Epicurus) evertere, in quo illum circumlatrantes philosophi omnes coarguerunt' (Ns. Epic.).
Lauricomus.*
VI, 152: 'lauricomos ut si per montis flamma vagetur.' Vgl. Cat. III, 11: comata silva. Hor. c. I, 21. 5: nemorum coma.
Letum.
V, 373: 'haut igitur leti praeclusa est ianua caelo.'
Ligneus.
IV, 1153: 'nervosa et lignea dorcas.' Cat. XXIII, 6: 'cum coniuge lignea.'
Limen.*
II, 960: 'leti iam limine ab ipso' VI, 1155. 1206. Vgl. ianua. III, 679: 'vitae cum limen inimus.' Beides entspricht auch unserem Sprachgebrauch. Cat. LXVIII, 4: 'a mortis limine restituam.'
(Linere), inlinere.
V, 1092: 'multa videmus enim caelestibus inlita flammis fulgere.'
Liquescere.
III, 443: 'aëre qui credas posse hanc cohiberier ullo, corpore

qui nostro rarus magis usque liquescit.' IV. 1106: 'membra voluptatis dum vi labefacta liquescunt' (Vgl. fluere, profundere).
Liqui.
IV, 132: 'nec speciem mutare suam liquentia cessant.' (sc. simulacra) Vgl. c. II.
Liquidus.*
Die bildliche Anwendung auch dieses Wortes ist alt. Ein Beispiel aus Terenz wird uns im II. Capitel begegnen, ein anderes aus Ennius werde ich bei der entsprechenden Stelle aus Lucrez anführen. Dass auch dem Griechen die Uebertragung von ὑγρός nicht fremd war, beweisen die ὑγρὰ κέλευθα der Odyssee, welche vollkommen den 'liquidae viae' bei Lucrez (I, 373) entsprechen. Auch wir gebrauchen ja 'fliessend' und 'flüssig' in bildlicher Weise. V, 272; VI, 639: 'qua via secta semel liquida pede detulit undas.' Eine Verbindung mehrerer Metaphern aus der nämlichen Begriffssphäre haben wir V, 281: 'liquidi fons luminis, (Vgl. caput, fluere, fundere). VI, 205: 'liquidi color aureus ignis (= fulminis);' vgl. 349. IV, 166: 'liquidissima caeli tempestas, perquam subito fit turbida foede.' V, 212: liquidae aurae. Enn. sat. fr. 458: 'liquidas aetheris oras;' ebenso Lucrez V, 500: 'liquidissimus aether.' Vgl. V, 502 ff. — IV, 545/546: 'gelidis cycni nocte oris ex Heliconis cum liquidam tollunt lugubri voce querellam.' Vgl. IV, 978. V, 1377. — Hor. c. I, 24. 3/4: 'Melpomene, cui liquidam pater vocem cum cithara dedit.' (Vgl. c. II).
Lumen.
Lumen steht III, 1091 statt dies. An anderem Orte (V, 775) gebraucht Lucrez lumen für oculus: 'aperto lumine rursum omnia convisunt.'
Machina.*
V, 95/96: 'multosque per annos sustentata ruet moles et machina mundi.'
Manabilis.
I, 534: 'manabile frigus.'
Manare, permanare.
VI, 952: 'permanat odor frigusque vaposque.' I, 355.—494. IV, 194: (simulacra) 'permanare per aëris intervallum.' VI, 927: 'sonitus manare per auras.' III, 252 ff.: 'nec temere huc' dolor usque potest penetrare neque acre permanare malum. (Vgl. c. II).

Mancipium.*
III, 969: 'vita mancipio nulli datur.'

Mansuescere.
V, 1366: 'fructusque feros mansuescere terram cernebant indulgendo blandeque colendo.'

Manus*
IV, 815: 'fit quoque ut interdum non suppeditetur imago eiusdem generis, sed femina quae fuit ante, in manibus vir uti factus videatur adesse.'

Marceo.*
III, 944: ,si tibi annis non corpus iam marcet.' III, 954: 'omnia perfunctus vitai praemia marces.'

Mare.*
V, 276: 'aëris in magnum fertur mare.' 'Schwebest hin und her in dem blauen Meer' (Deinhardstein: des Vogels Freude).

Marmor.
II, 766/767: 'mare ... vertitur in canos candenti marmore fluctus.'

Mater.
I, 250/251: 'pereunt imbres, ubi eos pater aether in gremium matris terrai praecipitavit.' V, 1400: 'duro terram pede pellere matrem.' (Vgl. effetus, fetus, fundere, gremium, partus).

Maturus, immaturus.
VI, 282: 'maturum tum quasi fulmen perscindit subito nubem.' Vgl. VI, 295 ff. V, 221: quare mors immatura vagatur.' (Vgl. c. II).

Meare.
Wird ebenso übertragen wie ire; wir finden es in Verbindung mit primordia, umor, aër, vapor, color, vox. Vgl. I, 354; 426 ff.; 786 ff. II, 150 ff. VI, 988 f. f.

Meatus.
Lucrez sagt meatus solis, lunae, siderum, venti, primorum corporum. I, 128/129. II, 208; V, 777; II, 747; VI, 300/301.

Melichrus.
IV, 1152: 'nigra (sc. amica) melichrus est.'

Membrum.*
V, 380/381: 'denique tantopere inter se cum maxima mundi pugnent membra, pio nequaquam concita bello.' — V, 443: 'diffugere inde loci partes coepere, paresque cum paribus iungi res et

discludere mundum membraque dividere.' VI, 804/805: 'membra domus percepit fervidior vis.' — V, 548/549 (Vgl. c. II).

Mergere, emergere.

Mergere wird von Lucrez bildlich nur von Abstractis gebraucht. (Vgl. Terenz emergere, c. II). V, 695/696: 'sub terris ideo tremulum iubar haesitat ignis nec penetrare potest facile atque emergere ad ortus.' II, 13. III, 63: 'ad summas emergere opes.'

Mersare.

V, 1005: 'tum penuria deinde cibi languentia leto membra dabat, contra nunc rerum copia mersat.' VI, 1174: 'sitis arida, corpora mersans.' (Vgl. inurere s. v. urere).

Meta.*

Dieser von der Rennbahn hergenommene Ausdruck wird schon von Ennius bildlich angewendet; ann. X. fr. 234: „duri meta laboris.' Lucrez V, 612: 'nec ratio solis simplex reclusa patescit, quo pacto aestivis e partibus aegocerotis brumalis adeat flexus atque inde revertens cancri se ut vertat metas ad solstitialis.'

Migrare, remigrare.

Beide Verba werden von Plautus bereits metaphorisch mit Unbelebtem verbunden; so Pers. IV, 6. 2 und III, 1. 18 (hier admigrare), Pseud. I, 5. 54/55, Epid. IV, 1. 43. — Lucrez III, 755: 'traiciuntur enim partes atque ordine migrant.' II, 963 ff. — II, 774/775: 'nam quocumque modo perturbes caerula quae sint, numquam in marmoreum possunt migrare colorem.' — V, 827: 'nec manet ulla sui similis res: omnia migrant.' Man beachte, dass in allen diesen Fällen, und es sind die einzigen, welche mir aufstiessen, weniger das Moment der Bewegung, als das der Veränderung der Metapher zu Grunde liegt.

Minister.

IV, 826: 'brachia tum porro validis ex apta lacertis esse manusque datas utraque ex parte ministras, ut facere ad vitam possemus quae foret usus.' V, 927: 'ardore ministro.'

Miscere, commiscere, permiscere.

VI, 322: 'venti vis ... commixta calore.' V, 1311: 'permixta caede.' II, 576: 'miscetur funere vagor.' — II, 579/580: 'mixtos vagitibus aegris ploratus.' Horaz verbindet in kühnerer Weise miscere auch mit Geistigem: 'misce stultitiam consiliis brevem.' (c IV, 12. 27).

Mittere, praetermittere.

III, 959: 'nunc aliena tua tamen aetate omnia mitte.' IV, 687: 'haud quicquam tam longe fertur eorum (odorum), quam sonitus, quam vox, mitte iam dicere, quam res quae feriunt oculorum acies.' — Vgl. Hor. c. II, 20. 23/24: 'sepulcri mitte supervacuos honores.' — IV, 1143/1144: 'praetermittas animi vitia omnia.'

Moenia.*

'Moenia mundi' finden wir I, 73. — 1094; II, 1144; III, 16; V, 119; 371; 454; 1211. — VI, 123. Mit Recht bemerkt Spangenberg, Lucrez lasse die Welt von Feuer umschlossen sein; dagegen scheint mir das von ihm als Beleg angeführte Beispiel recht unglücklich gewählt zu sein; es ist dies I, 1094: 'flammarum moenia.' Wenn wir nämlich die Stelle in ihrem Zusammenhang betrachten, wird klar, dass hier flammarum gar nicht zu moenia zu beziehen ist. Sie lautet: 'ne volucri ritu flammarum moenia mundi diffugiant subito.' Offenbar ist hier flammarum abhängig von ritu. Besser wäre I, 73 als Beweis angezogen worden: 'longe flammantia moenia mundi.'

Mollescere.

V, 1012: 'tum genus humanum primum mollescere (verweichlichen) coepit.'

Mollis.

Dieses Adjectiv fand ich bei Lucrez nur einmal als Metapher. IV, 988: 'mollis quies.' Die nämliche Verbindung begegnet uns bei Catull LXIII, 38: 'in quiete molli.' Vgl. auch Catull XXV, 1; LXIV, 88; LXVIII, 5.

Mons.*

VI, 159: 'montes nimborum;' es ist dies ein naheliegendes, auch bei uns gebräuchliches Bild. 'Goldne Wolkenberge' (Uhland: Ruhethal). Nicht hierher scheint mir das Plautinische montes argenti, auri, das Terenzische montes aureos polliceri zu gehören; es sind das Hyperbeln. Eine Metapher dagegen ist es, wenn Plautus von 'montes mali' spricht. (Epid. I, 1,78. Merc. III, 4. 33).

Mors.

Schon Plautus gebraucht mori im Sinne von 'zu Grunde gehen' von Dingen. Capt. III, 1. 18: 'vae illis virgis miseris, quae hodie in tergo morientur meo.' — Ebenso finden wir von Lucrez mors und mortalis angewendet. I, 670: 'quodcunque suis mutatum finibus exit, continuo hoc mors est illius quod fuit ante.' I, 792; 852; I, 753 ff.; 854 ff.

Mucro.*

II, 517: 'ambit enim calor ac frigus, mediique tepores interutraque iacent explentes ordine summam: ergo finita distant ratione creata, ancipiti quoniam mucroni utrimque notantur, hinc flammis illinc rigidis infesta pruinis.'

Mugire.*

Mugire finden wir bereits bei Ennius bildlich gebraucht. Fr. 542: 'tibicina maximo labore mugit.' Lucrez IV, 543: 'tuba depresso graviter sub murmure mugit.' Aehnlich sagt Plautus, Amph. I, 1. 77/78: 'boat caelum fremitu virum.' — Vgl. Hor. c. III, 29. 57/58: 'si mugiat Africis malus procellis,' ein drastischeres Bild, als es uns zur Verfügung steht; wir sagen wohl von der bewegten See, oder vom Sturme selber, er brülle, vom Mast gebrauchen wir das bescheidnere 'Aechzen.'

Mulcere.*

II, 422: 'omnis enim, sensus quae mulcet cumque, figura' V, 570 ff. Hor. c. III, 11. 22/24: 'stetit urna paullum sicca, dum grato Danai puellas carmine mulces.' — Lucrez IV, 134: 'nubes ... aëra mulcentes motu.' Auch Catull wendet mulcere bildlich an: 'quem mulcent aurae (florem), ein Bild, das auch uns nicht fremd ist. (LXII, 41).

Nare, tranare.*

IV, 175: 'quae mobilitas ollis (simulacris) tranantibus auras reddita sit, ... suavidicis ... versibus edam.' Auch hier ist Ennius wieder Vorgänger des Lucrez; fr. 19: 'transnavit cita per teneras caliginis auras.' — Lucr. IV, 598: (simulacra) 'perscinduntur enim, nisi recte foramina tranant.' — Vgl. VI, 1047 ff. und cap. II. — III, 478: 'nant oculi' (sc. ebriorum).

Nasci, enasci, renasci.

Nasci 'geboren werden' wird auch von der Entstehung einzelner Körperteile gebraucht. V, 1032/1033: 'cornua nata prius vitulo quam frontibus extent, illis iratus petit.' Vgl. Horaz c. II, 20. 11/12: 'nascunturque leves per digitos humerosque plumae.' — Weiterhin erhält es überhaupt ganz allgemein die Bedeutung 'entstehen,' und wird mit leblosen Dingen, mit Empfindungen, Handlungen etc. verbunden. IV, 492: 'seorsus item sapor oris habet vim, seorsus odores nascuntur.' II, 1011/1012: 'corpora prima, quod ... nasci videmus.' — IV, 847: 'sedare sitim prius est quam pocula natum.' Dass schon zu Plautus Zeiten nasci auch von Sachen gebraucht wurde, zeigt Amph. I, 1. 274: 'eam (hirneam) ego vini ut matre natum fuerat induxi meri.' Auch Terenz wendet nasci metaphorisch an: Adelph. V, 3. 19: 'nunc demum istaec natast oratio.' Dass Terenz nasci auch mit Abstractis verbindet, und dass auch im Griechischen die entsprechenden Verba in gleicher Weise bildlich gebraucht werden, wird das II. Kapitel lehren. Ebenso steht enasci und renasci für anfangen. I, 169 ff.; 542; 674; 757.

Nectere, conectere.

Siehe c. II. — Diog. Laert. 73 (Epic. ad. Herod. ep. I): 'ὅτι ταῖς ἡμέραις καὶ ταῖς νυξὶ συμπλέκομεν καὶ τοῖς τούτων μέρεσιν, ὡσαύτως δὲ καὶ τοῖς πάθεσι καὶ ταῖς ἀπαθείαις, καὶ κινήσεσι καὶ στάσεσιν, ἴδιόν τι σύμπτωμα περὶ ταῦτα πάντα αὐτὸ τοῦτο ἐννοοῦντες, καθ' ὃ χρ'ων ὀνομάζομεν.' Lucrez II, 251: 'denique si semper motus conectitur omnis.'

Nictare.

VI, 182: 'nictantia fulgura flammae.'

Nigror.

III, 39: 'omnia suffundens mortis nigrore.'

Ningere.*

II. 627: 'ningunt rosarum floribus umbrantes matrem comitumque catervas.'

Noctivagus.

IV, 579: 'faunos esse locuntur, quorum noctivago strepitu ludoque iocanti adfirmant volgo taciturna silentia rumpi.'

Nothus.*

V, 574/575: 'luna sive notho fertur lumine lustrans, sive suam proprio iactat de corpore lucem.' Vgl. Catull. XXXIV, 13/16: Tu Lucina dolentibus Juno dicta puerperis, tu potens Trivia et notho's dicta lumine Luna.'

Nox.

IV, 170. VI, 253: 'taetra nimborum nocte coorta.'

Omniparens.

V, 258: 'omniparens (sc. terra).' (Vgl. mater).

Onustus.

III, 112: 'effusum iacet sine sensu corpus onustum.'

Opimus.

I, 726: 'quae cum magna modis multis miranda videtur gentibus humanis regio visendaque fertur, rebus opima bonis, multa munita virum vi.'

Pandere.

V, 654: 'tempore item certo roseam Matuta per oras aetheris auroram differt et lumina pandit.' VI, 359: 'tempora se veris florentia pandunt. Vgl. c. II.

Parere.

IV, 897/898: (ligna et glaebae) 'cum sunt quasi putrefacta per imbres, vermiculos pariunt.' — Auch Catull wendet parere im Sinne von 'hervorbringen' an: LXIV, 282: 'aura parit flores tepidi fecunda Favoni.' Dass auch die griechische Sprache die gleiche Metapher hat, beweist Plut. de placitis philos. I, 4. p. 289 Diels (Usener, Epic.): '*κάπειτα ἐκ μὲν τῶν ὑποκαθιζόντων ἐγεννήθη ἡ γῆ*.' Ebenso ist dem Deutschen der metaphorische Gebrauch des Wortes 'gebären' nicht fremd: 'Und will sich nimmer erschöpfen und leeren, als wollte das Meer noch ein Meer gebären' (Schiller, Taucher). — Lucrez VI, 170: 'sic fulgorem quoque cernimus ante quam tonitrum accipimus, pariter qui mittitur igni e simili causa, concursu natus eodem.' Vgl. D. L. 101 (Epic. ad Pythocl. ep. II): '*ὁ πυρὸς ἀποτελεστικὸς σχηματισμὸς ἐξολισθαίνων ἀστραπὴν γεννᾷ*.' — Weiterhin steht parere im Sinne von 'veranlassen,' ,verursachen.' V, 1194: 'quantos tum gemitus ipsi sibi, quantaque nobis volnera, quas lacrimas peperere minoribu' nostris.' Diog. L. 132 (Epic. ad Menoec. ep. III): '*οὐ γὰρ πότοι καὶ κῶμοι συνείροντες οὐδ' ἀπόλαυσις παίδων . . . τὸν ἡδὺν γεννᾷ βίον*.' — Sophocl. Electr. 218/219: '*σᾷ δυσθύμῳ τίκτουσ' ἀεὶ ψυχᾷ πολέμους*.'

Partus.

II, 1150: 'effetaque tellus, ... quae ... dedit ferarum ingentia corpora partu.' — I, 476/477: 'nec clam durateus Troianis Pergama partu inflammasset equos nocturno Graiugenarum.' Vgl. Vergil, Aen. II, 237: 'scandit fatalis machina muros feta armis.' Vgl c. II.

Pascere.*

I, 231: 'unde aether sidera pascit?' — I, 1090: 'fingunt, solis flammam per caeli caerula pasci, quod calor a medio fugiens se ibi conligat omnis.' V, 525; II, 376: 'bibulam pavit aequor harenam.' I, 36: 'pascit amore avidos, inhians in te, dea, visus.' In ähnlicher Weise sagt Plautus, Poenul. V, 3. 57: 'oculis epulas dare,' Terenz (Phorm. I, 2. 35): 'oculos pascere' Wir sagen wohl 'Ohrenschmaus' und 'Augenweide.' — Vgl. c. II.

Patefacere.*

Enn. an. fr. 335: 'inde patefecit radiis rota candida caelum.' Lucrez I, 10: 'simul ac species patefactast verna diei.'

Patere.

IV, 865: patens per membra ac venas amor edendi.

Pax.

V, 1224: „summa etiam cum vis violenti per mare venti induperatorem classis super aequora verrit cum validis pariter legionibus atque elephantis, non divom pacem votis adit ac prece quaesit ventorum pavidus paces . . .?' Vgl. c. II.

Pelagus.*

II, 550: 'materiae tanto in pelago.' Auch der Grieche gebraucht ja πέλαγος, der Deutsche 'Meer' zur Bezeichnung einer grossen Menge, Fülle.

Pellere, impellere.

V, 649/650: 'ubi de longo cursu sol ultima caeli impulit atque suos efflavit languidus ignis.'

Pendere, suspendere.

Vgl. c. II. — III, 196: 'aura ... suspensa levisque.' — V, 1065: 'et catulos blande cum lingua lambere temptant (canes), aut ubi eos iactant pedibus morsuque petentes suspensis teneros minitantur dentibus haustus.' — VI, 1126: 'suspensa manet vis aëre in ipso.'

Pennatus.

V, 735: 'ante pennatus graditur zephyrus.' Max Müller (Wissenschaft der Sprache, II. Serie. 8. Vorlesung. Deutsch von Böttcher) weist darauf hin, wie wichtig für das Verständnis der Mythologie die Metaphern seien. Diese enge Verknüpfung von Metapher und Mythologie erschwert aber auch andererseits dem die Arbeit, welcher es sich zur Aufgabe gesetzt hat, den Gebrauch der Metaphern bei einem Schriftsteller, besonders einem Dichter zu erforschen. Nicht immer wird sich bei Metaphern, die sich zu mythologischen Vorstellungen verdichtet hatten, mit Gewissheit entscheiden lassen, ob in dem Schriftsteller das Bewusstsein, dass er einen bildlichen Ausdruck gebrauche, überhaupt noch lebendig war. So sehr auch Lucrez seiner ganzen Anschauung nach die gewöhnliche Auffassung von dem Wesen der Götter verwerfen musste und verwarf, so hatte er doch offenbar bei der oben angeführten Stelle eben jene volkstümliche Auffassung der Winde als geflügelter Götter, ja wohl gar eine diesbezügliche bildliche Darstellung, wie sie z. B. der Turm der Winde bietet, vor Augen. Weder pennatus noch antegredior ist in diesem Falle dann eine Metapher zu nennen. Eine feste Grenze beider Gebiete gibt es jedoch hier kaum. Vgl. pinniger, calcar im II. Kapitel. — Vgl. I, 84 ff.

Permananter.

VI, 916: 'usque adeo permananter vis pervolat eius' (sc. des Magnets).

Pes.*

V, 272: 'qua via secta semel liquido pede detulit undas.'

Pestis.*

V. 26/27: 'Lernaea pestis hydra venenatis... vallata colubris.'

Pingere.

II, 375/376: 'concharum genus parili ratione videmus pingere telluris gremium' IV, 333/334: 'multaque sunt oculis in eorum (arquatorum) denique mixta, quae contage sua palloribus omnia pingunt.,

Pinguis.

V, 1246: 'agros pinguis.' Vgl. Hor. c. II, 1. 29/30: 'quis non Latino sanguine pinguior campus.'

Placare.

I, 9: placatum caelum.

[Plaudere], explaudere.

IV, 708: 'quin etiam gallum, noctem explaudentibus alis auroram clara consuetum voce vocare, noenu queunt rabidi contra constare leones.'

[Plere], complere, opplere.*

S. cassus. — V, 226: vagituque locum lugubri complet.' — VI, 1149: 'inde ubi per fauces pectus complerat et ipsum morbida vis in cor maestum confluxerat aegris.' — II, 145: 'variae volucres nemora avia pervolitantes aëra per tenerum liquidis loca vocibus opplent.' Vgl. c. II.

Porta.*

III, 67: leti portas cunctarier ante.' Vgl. limen, ianua. und c. II.

Portare, importare.

Vgl. c. II. — V, 369: 'cladem importare pericli.' Ueber importare s. Nägelsb. Stil. §. 107. 1.

Poscaenium.*

IV, 1177: 'nec Veneres nostras hoc fallit, quo magis ipsae omnia summo opere hos vitae poscaenia celant.'

Potare, epotare.

IV, 1119: 'teritur thalassina vestis adsidue et Veneris sudorem exercita potat.' — V, 382: 'nonne vides aliquam longi certaminis ollis posse dari finem, vel cum sol et vapor omnis omnibus epotis umoribus exsuperarint?'

Praecipitare.

IV, 625: 'deinde voluptas est e suco fine palati: cum vero deorsum per fauces praecipitavit, nulla voluptas est, dum diditur omnis in artus.' — I, 250: 'pereunt imbres, ubi eos pater aether in gremium matris terrai praecipitavit.' — VI, 290 ff. 1037 ff. Plautus überträgt praecipitare bereits auf Geistiges; Trin II, 1. 31: 'qui in amorem praecipitavit.' Dass auch nach Lucrez der bildliche Gebrauch des Wortes im Schwange ging, zeigt Spangenberg a. a. O.

Premere, deprimere, exprimere.

Auch diese Worte finden sich schon bei Plautus und Terenz als Metaphern. Plaut. Amphitr. I, 2. 34: 'orationem comprimam.' Terenz, Andr. II, 3. 21: 'ne pater inprudentem opprimat.' Ad. IV, 1. 9: „prius nox oppressisset.' — Lucrez III, 660: 'ipsam seque retro partem (ancisae serpentis) petere ore priorem, volneris ardenti ut morsu premat icta dolorem.' VI, 845: 'frigore cum premitur porro omnis terra.' — IV, 543: 'tuba depresso graviter sub murmure mugit.' III, 493: exprimitur porro gemitus.' Vgl. c. II.

Procella.

III, 800: 'quid enim diversius esse putandumst aut magis inter se disiunctum discrepitansque, quam mortale quod est immortali atque perenni iunctum in concilio saevas tolerare procellas?'

Proelium.

IV, 1002: 'accipitres somno in leni si proelia pugnas edere sunt persectantes visae.' — V, 436: 'nova tempestas quaedam molesque coorta omne genus de principiis, discordia quorum intervalla vias conexus pondera plagas concursus motus turbabat proelia miscens.' Vgl. c. II. — Plautus vergleicht in humoristischer Weise das Gelage einem Kampfe; so Men. I, 3. 4: 'in eo uterque proelio potabimus. Uter ibi melior bellator erit inventus cantharo, tuae legioni adiudicator, cum eo ut hanc noctem sies.'

Propagare.
II, 997: (ferae) 'prolem propagant.' V, 846 ff.
Propago.
I, 42: „Mammi clara propago.' — IV, 995: 'catulorum blanda propago.' V, 1025: 'nec potuisset adhuc perducere saecla propago.'
Protelum.
II, 531: 'undique protelo plagarum continuato.' — IV, 189: 'quasi protelo stimulatur fulgure fulgur.'
Pugnare.

Sturm, Gewitter lässt sich durch kein Bild besser veranschaulichen, als durch das des Kampfes. Die diesbezüglichen Metaphern von pugno, pugna, proelium, certamen u. s. w. werden daher wohl zu den ältesten Uebertragungen dieser Worte gehören. Sie mögen den mythologischen Anschauungen von dem Kampfe, den zu gewissen Jahreszeiten Geister und göttliche Gewalten in den Lüften führen, zu Grunde liegen. (Wülpensand, wilder Jäger etc.). Lucrez VI, 96: 'principio tonitru quatiuntur caerula caeli propterea quia concurrunt sublime volantes aetheriae nubes contra pugnantibu' ventis.' Vgl. VI, 368 ff.; V, 380 ff. Horaz c. I, 3. 12/13. — II, 792: 'multo proclivius exorientur candida de nullo quam nigro nata colore, aut alio quovis, qui contra pugnet et obstet.' II, 408 ff. I, 780. Aehnlich sagt Epicur bei Diog. L. 90 (epist. II ad Pythoclem): 'τοῦτο γὰρ μαχόμενόν ἐστι τοῖς φαινομένοις,' und 146 (sententiae selectae): 'εἰ μάχῃ πάσαις ταῖς αἰσθήσεσιν.'

Lucrez II, 205: 'pondera, quantum in se est, deversus ducere pugnent (flammam). Vgl. c. II.
Pullus.
V, 1361: 'arboribus bacae glandesque caducae tempestiva dabant pullorum examina supter.'
[Pulsare], repulsare.
IV, 576: 'ita colles collibus ipsi verba repulsantes iterabant docta referri.'
[Quatere], concutere, discutere, incutere, percutere.
III, 832: 852: 'omnia ... belli trepido concussa tumultu.' II, 959: 'leti dominantem in corpore motum discutere.' Vgl. c. II. VI, 771: 'multa, cibo quae sunt, vitalia, multaque, morbos incutere et mortem quae possint adcelerare.' — Die bildliche Anwendung von incutere ist alt. Enn. ann. fr. 582: 'dictis Romanis incutit iram.'

'Morbum incutere' findet sich Plautus trin. I, 2. 38. — S. auch Horaz sat. II, 1. 39 und 80 und Kapitel II

Lucrez V, 703: 'luna ... solis radiis percussa.' — II, 799/800: 'percussus luce.' — Zu concutere vergleiche im Griechischen συντιαράττειν. Diog. L. 147 (Epic. sent. sel.): 'συντιαράξεις καὶ τὰς λοιπὰς αἰσθήσεις; auch wir gebrauchen ja in diesem Sinne 'erschüttern, ins Schwanken bringen.'

Radicitus.*

III, 310: 'nec radicitus evelli mala posse putandumst = mit der Wurzel ausrotten.' III, 875: 'nec radicitus e vita se tollit.' Vgl. Plautus, Bacch, V, 1. 6: 'perditus sum atque etiam eradicatus sum.' — Stich. V, 2. 38: 'ego pol vos eradicabo.' — Ter. Andr. IV, 4. 21: 'Di te eradicent.' — Aesch. Sept. 1056: 'γένος ὠλέσατε πρέμνοθεν οὕτως.'

Radix.*

II, 103: 'validas saxi radices, 'der Fels wurzelt in der Erde.' VI, 694: 'montis ad eius radices' hier würden wir mit einem anderen Bild 'Fuss des Berges' sagen. V, 554: 'communibus inter se radicibus haerent ex ineunte aevo coniuncta (terra und caelum). III, 561: 'avolsus radicibus ut nequit ullam dispicere ipse oculus rem seorsum corpore toto.' Der metaphorische Gebrauch von radix findet sich ebenfalls schon bei Plautus. Curc. II, 1. 23: 'radices cordis.' — Aul. II, 2. 72.

Ramosus.

VI, 133/134: 'ramosa videmus nubila.'

Rapere, arripere, corripere, eripere, praeripere.

Das Verbum rapere auch mit Unbelebtem metaphorisch zu verbinden war schon zu Lucrez Zeiten so allgemein üblich, dass ich bezweifle, ob irgend jemand an ein Bild dachte, wenn er Wendungen wie 'amnis rapit saxa' hörte oder selbst anwendete. Es ist daher wohl überflüssig aus der übergrossen Anzahl von Metaphern dieser Art auch nur einige anzuführen. Dagegen sollen einzelne Fälle der Uebertragung von Compositis von rapere hier Platz finden, die wohl noch als Metaphern empfunden wurden. VI, 658: 'arripit dolor dentes.' VI, 660/661. — VI, 821/822: (ales) 'caeco correpta veneno.' — IV, 81: 'omnia conrident correpta luce diei.' — I, 1107: 'nec tibi caeca nox iter eripiet.' — III, 894: ‚oscula ... praeripere.'

Raucus, reboare.*
IV, 544: 'reboat raucum regio cita barbara bombum' — Vgl. Plautus, Amph. I, 1. 77/78: 'boat caelum fremitu virum.' — Lucrez II, 28: citharae reboant laqueata arquataque tecta.'

Remigium.*
VI, 743: (aves) 'remigi oblitae pennarum vela remittunt.'

Repere.
VI, 1119: 'nebula ac nubes paulatim repit.' Vgl. Enn. ann. fr. 350: 'ratibus repentibus.' — Lucr. VI, 660: 'sacer ignis ... corpore serpens quamcumque arripuit partim, repitque per artus.' Vgl. Lucil. sat. fr. 289: 'languorque obrepit pigror torporque quietis.' Plautus, Pseud. II, 3. 20: 'ut mors obrepat interim.' Poen. prol. 14: 'tacitum te obrepet fames.'

Ridere, adridere, conridere.
Enn. ann. fr. 315: 'tempestates serenae riserunt.' — Lucr. V, 1393: 'praesertim cum tempestas ridebat.' II, 32. — I, 8. 'tibi rident aequora ponti.' — II, 559; V, 1003. — III, 18: 'sedes 'quietae ... large diffuso lumine rident.' II, 502. — IV, 81: 'omnia conrident correpta luce diei.' Während in allen diesen Fällen ridere den 'heiteren' Glanz, das freundliche Licht unter dem Bilde des Lachens darstellt, eine Metapher, die ja auch uns nicht fremd ist, finden wir bei Catull einen, wie ich glaube, kühneren bildlichen Gebrauch des Wortes; er sagt LXIV, 284: 'quo permulsa domus, iocundo risit odore.' Vgl. Hor. c. IV, 11. 6: ridet argento domus, was allerdings wieder auf die Anschauung zurückführt, welche uns in den aus Ennius und Lucrez angeführten Stellen entgegentritt.

Rigare, inrigare.*
IV, 183: 'solis lux et vapor eius..., quae non dubitant ... caelum rigare.' V, 591: 'non est mirandum, qua ratione tantulus ille queat tantum sol lumen mittere, quod maria ac terras omnis caelumque rigando compleat.' II. 262: 'hinc motus per membra rigantur.' V, 281: 'largus item liquidi fons luminis, aetherius sol, inrigat adsidue caelum candore recenti.' IV, 904: quibus ille modis somnus per membra quietem inriget, ... suavidicis potius quam multis versibus edam.' — Inrigare gebraucht schon Plautus bildlich. Epidic. I, 2. 18: 'hominem inrigatum plagis pistori dabo.' — Lucil. sat. fr. 480: 'haec tu si voles per aures pectus inrigarier.'

Rodere.
V, 256: 'ripas radentia flumina rodunt.'

Rorare.*

II, 977: 'lacrimis spargunt rorantibus ora genasque.' III, 469. Auch wir gebrauchen in diesem Zusammenhang 'betauen.'

Ros.*

IV, 436 'ros salis' = mare.

Roseus.

V, 608: 'rosea sol alte lampade lucens.' — V, 654: rosea aurora V, 974: 'rosea face sol inferret lumina caelo.'

Rota.

V, 432. — 564: 'solis maior rota.'

Ruere, obruere.

Vgl. c. II. — V, 648: 'nox obruit ingenti caligine terras.' Vgl. Enn. ann. XVI, fr. 282. — VI, 264. — 866: 'roriferis terram obruit nox umbris.' Horaz verbindet obruere auch mit Abstractem. C. I, 15, 3: 'ingrato celeres obruit otio ventos.'

Rumpere, abrumpere.

III, 296: (vis violenta leonum) 'pectora qui fremitu rumpunt.' II, 214: ,abrupti nubibus ignes.' Vgl. c. II.

Saepire.

V, 470: 'omnia sic avido complexu cetera saepsit' (sc. aether) VI, 1146: 'ulceribus vocis via saepta coibat.' Vgl. c. II.

Salire, exilire, resilire, subsilire.

I, 187: 'e terra ... repente arbusta salirent.' — II, 200: 'plus ut parte foras emergant (ex undis) exiliantque' (sc. tigna). I, 1046: (plagae) 'interdum resilire tamen coguntur.' IV, 321. II, 191: 'cum subsiliunt ignes ad tecta domorum.'

Satias.

V, 39/40: 'ad satiatem terra ferarum nunc etiam scatit. Vgl. c. II.

Satus.*

IV, 1225: 'nec divina satum genitalem numina cuiquam absterrent.'

Scandere, ascendere, descendere.

Vgl. c. II. — II, 138/139: 'a principiis ascendit motus et exit paulatim nostros ad sensus.' VI, 736: 'ubi in campos albas descendere ningues tabificis subigit radiis sol omnia lustrans.'

Scatere.

V, 39: ,terra ferarum ... scatet.' V, 595 ff.

Sedeo.
V, 474: 'neque tam fuerunt gravia, ut depressa sederent' (sc. sol et luna). Vgl. c. II.

Sedes.
I, 994: (corpora) 'quo quasi confluere et sedes ubi ponere possint.' IV, 1034: (semen) 'suis eiectum sedibus exit.' — V, 449 ff. VI, 797 ff. Macrobius saturn. VII, 14. 3 (Usen. Epic.): 'ideo ad deputatam sibi a natura sedem proprii sensus recurrunt.'

Semen.
Semen, das ja bildlich den Ursprung bezeichnet, steht sehr häufig für primordia rerum. I, 902. II, 284. III, 744. Es entspricht dies dem Epicureischen σπέρμα. Diog. L. 89. (Epic. ad. Pyth. ep. sec.): 'ἐπιτηδείων τινῶν σπερμάτων ῥεόντων ἀφ' ἑνὸς κόσμου.' Vgl. Diog. L. 100. — Plaut. Rud. II, 2. 21: 'sceleris semen.'

Sepelire.*
I, 133. — V, 973: 'somnoque sepulti.' Ebenso Verg. Aen. II, 265: 'urbem somno vinoque sepultam.' — Enn. ann. VIII, fr. 203: 'nunc hostis vino domiti somnoque sepulti.' — Lucrez VI, 1266 u. 1269: (languida membra) 'ulceribus taetris prope iam sordique sepulta.' — VI, 193: 'sepultis undique ventis.' — Auch Terenz (Phorm. 905) und Plautus (Amph. V, 1. 1) gebrauchen sepelire metaphorisch.

[Scrare], reserare.
I, 11: 'reserata... aura favoni.' — Ennius ann. VII, fr. 155: 'nec dicti studiosus quisquam erat ante hunc. nos ausi reserare.'

Serere, censerere, inserere.
V, 1287: 'aere solum terrae tractabant aereque belli miscebant fluctus et vulnera vasta serebant. Plautus, Men. V, 7, 23: 'hisce ego iam sementem in ore faciam pugnosque obseram.' Wir sagen in vulgärer Weise 'es hagelt Schläge.' II, 210: 'sol... lumine conserit arva.' Vgl. Diog. L. 101 (Epic. ep. II ad Pythocl.): 'τοῦ ἀπὸ τῶν ἄστρων κατεσπειραμένου φωτός.' — IV, 1099: 'in eost Venus ut muliebria conserat arva.' — Sehr häufig ist der metaphorische Gebrauch von insitus. I, 901: 'non est lignis tamen insitus ignis.' — V, 536: 'partibus aëriis mundi, quibus insita vivit (sc. terra).' V, 328: 'quo tot facta virum totiens cecidere neque usquam aeternis famae monimentis insita florent?' Vgl. c. II.

Serpere, disserpere.
V, 691: 'sol... serpens.' V, 523. — VI, 661: 'sacer ignis...

corpore serpens.' VI, 1118: 'aër inimicus serpere coepit.' Lucil. sat. fr. 6: 'serpere uti gangrena mala atque herpestica posset;' „schleichende Krankheit.' Auch ἕρπειν wird ja in ähnlicher Weise übertragen. — VI, 547: 'disserpunt inde tremores.'

Sidere, obsidere, subsidere.

V, 492: 'sidebant campi.' Vgl. Ovid met. I, 43: iussit subsidere valles.' IV, 1083: (cibus atque umor) 'certas possunt obsidere partis.' V, 493: neque enim poterant subsidere saxa.' I, 990/91 Plut. de placitis philos. I. 4 p. 289 Diels (Usen. Epic.) 'ἀθροιζομένων δ'ἐν ταὐτῷ τούτων τὰ μὲν ὅσα μείζονα ἦν καὶ βαρύτερα πάντως ὑπεκάθιζεν.'

[Signare], obsignare.

IV, 563: 'in multas igitur voces vox una repente diffugit, in privas quoniam se dividit auris, obsignans formam verbi clarumque sonorem.' Vgl. c. II.

[Sinuare], insinuare.

II, 434: 'tactus enim, tactus, pro divom numina sancta, corporis est sensus, vel cum res extera sese insinuat, vel cum laedit quae in corpore natast.' — II, 684: fucus item sorsum, sorsum sapor insinuatur sensibus.' IV, 328 ff. 522/523. VI, 777 ff. VI, 802/803. III, 483: 'paulo si durior insinuarit causa.' Vgl. incumbere. — VI, 87 ff. 234. 277. 355. 385 860. 1030 und c. II.

[Sistere], adsistere, consistere, desistere, insistere, subsistere.

III, 957: 'et necopinanti mors ad caput adstitit. Vgl. Schiller, Wilhelm Tell: 'Rasch tritt der Tod den Menschen an.' Horaz c. I, 3. 17: 'quem mortis timuit gradum.' — Consistere wird häufig von den Atomen gesagt: II, 91: 'neque habere, ubi corpora prima consistant.' — II, 322: 'in viridi candor consistere colli.' Consistere im Sinne von 'bestehen' = Bestand haben und 'bestehen aus etwas' findet sich natürlich auch bei Lucrez oft genug. III, 604; 844. IV, 99. — VI, 836: '(alites) ubi nixari nequeunt insistereque alis.' — II, 235: 'at contra nulli de nulla parte neque ullo tempore inane potest vacuum subsistere rei.' Vgl. c. II.

Solvere, exsolvere.

Vgl. c. II — I, 810/811: 'vita ... omnibus e nervis atque ossibus exsolvatur.'

Sonere.

III, 871: 'non sincerum sonere.' Ennius ann. II, fr. 77: 'olli respondit suavis sonus Egeriae.'

Sopire.*

I, 29/30: effice ... ut fera moenera militiai ... sopita quiescant.' III, 902: 'leto sopitus.' III, 1036: (Homerus) 'sopitu' quietest.' Die Vertauschung der Worte sopire und sepelire zeigt, dass auch den Römern Tod und Schlaf Brüder waren. Aehnlich sagt Catull V, 6: 'nox est perpetua dormienda' ein Bild, welches wir vollständig ins Deutsche herübernehmen können.

Sorbere, resorbere.

VI, 1126: vim pestilitatis in corpus sorbere. — VI, 694: 'mare montis ad eius radices frangit fluctus aestumque resorbet.' Vgl. VI, 105 ff. — Horaz c. II, 7. 15: 'te rursus in bellum resorbens unda fretis tulit aestuosis.'

Spargere, aspergere, dispergere, praespargere.

Enn. an. fr. 322: 'foede sanguine sparso.' Lucrez II, 194/195: 'sanguis ... spargit cruorem.' — II, 977: 'lacrimis spargunt rorantibus ora.' IV, 673 ff. III, 18: (divum sedes quietae) 'quas neque concutiunt venti nec nubila nimbis aspergunt.' — II, 830/831: 'poeniceus color... dispergitur omnis' = 'verblasst gänzlich.' — IV, 908 und 180: 'clamor in aetheriis dispersus nubibus austri.' — V, 737/738. II, 144: 'aurora novo cum spargit lumine terras.' — Einen ähnlichen Gebrauch von $\delta\iota\alpha\sigma\pi\epsilon\iota\rho\omega$ finden wir bei Aëtius III, 15, 11 p. 381 D. (Plut. III, 15, 9. Usen. Epic.) '$\dot{\upsilon}\pi\dot{o}$ $\tau o\tilde{\upsilon}$ $\delta\iota\alpha\sigma\pi\epsilon\iota\rho o\mu\acute{\epsilon}\nu o\upsilon$ $\pi\nu\epsilon\acute{\upsilon}\mu\alpha\tau o\varsigma$.' Vgl. c. II.

[Spectare], respectare.

V, 375: 'ianua patet immani et vasto respectat hiatu. (Vgl. c. II).

Spirare, exspirare.

V, 392*: 'tantum spirantes aequo certamine bellum.' Vgl. Aesch. Agam. 1235/1236: $\mathcal{A}\varrho\eta$ $\pi\nu\epsilon\tilde{\iota}\nu$. — II, 354: 'sanguinis expirans calidum de pectore flumen.' — III, 717, 718*: 'cadavera rancenti iam viscere vermes expirant.' Vgl. c. II.

Spoliare.

II, 842: 'spoliata colore corpora prima.' IV, 375: 'spoliatur lumine terra' 'des Lichtes beraubt.' V, 760 ff.

[Spuere], expuere, respuere.*

II, 388/89: 'lumen per cornum transit, at imber respuitur.' —

II, 197: 'nonne vides etiam quanta vi tigna trabesque respuat umor aquae.' Vom Meere scheint dieses Bild gerne gebraucht zu werden: auch Catull (LXIV, 155) sagt: 'quod mare conceptum spumantibus exuit undis?' Auch unserer Sprache ist dies Bild nicht fremd. — Lucrez III, 804: 'quaecumque manent aeterna necessest respuere ictus.' V, 351 ff. VI, 1051 ff. Vgl. c. II.
Stabilis.
III, 65/66: 'turpis enim ferme contemptus et acris egestas semota ab dulci vita stabilique videntur.'
Stare, instare.
Stare steht für esse, oder doch an einer Stelle, an welcher esse auch genügen würde II, 180/181 u. V, 195/199: 'nequaquam nobis divinitus esse paratam naturam rerum: tanta stat praedita culpa:' sollte vielleicht die unumstösslich 'feststehende' Wahrheit des Satzes durch diese Wendung ausgedrückt werden? Man hätte das Verbum dann etwa mit 'ist offenbar' zu übersetzen. — III, 409: 'stat cernundi vivata potestas.' — II, 112/113: 'rei simulacrum et imago ante oculos semper nobis versatur et instat.' III, 1083: 'in dubiost.. quive exitus instet.' V, 298 ff. IV, 995 ff. III, 1061 ff. Vgl. c. II.
[Statuere], instituere.
V, 14, 15: 'Ceres fertur fruges Liberque liquoris vitigeni laticem mortalibus instituisse. Vgl. II, 848.
Sterilis.
II, 845: 'corpora prima ... sonitu sterila.'
Sternere, substernere.
III, 1027: 'viam qui quondam per mare magnam stravit.' II, 20: 'corpoream ad naturam pauca videmus esse opus omnino, quae demant cumque dolorem, delicias quoque uti multas substernere possint.'
Stimulare.
IV, 189: 'quasi protelo stimulatur fulgure fulgur.' Vgl. c. II.
Stinguere, extinguere.
II, 827/828: 'cernere possis evanescere paulatim stinguique colorem.' — Plut. quaest. conviv. III, 3, 2. p. 720^F (Usen. Epic.): 'αὐτῶν δὲ τῶν σωμάτων χρυσὸς μὲν καὶ λίθος ὑπὸ πληρότητος ἐχυρόφωνα καὶ δυσχερῆ καὶ ταχὺ κατασβέννυσι τοὺς φθόγγους.' — Lucr. VI, 7. 8: 'cuius, et extincti, propter divina reperta divolgata vetus iam ad caelum gloria fertur.' Horaz c. III, 4, 26/27: 'non me Philippis versa acies retro devota non extinxit arbos.'

Stirps.
Enn. ann. VI, fr. 131: 'Jovis memorant a stirpe supremo.' — Lucr. 1, 733: 'humana ... stirpe creatus.' — IV, 1212 ff.
Strages.
I, 277: 'venti corpora caeca, quae ... stragem propagant.' I, 287: 'amnis dat sonitu magno stragem.' Vgl. pugnare.
[Struere], instruere.
II, 5/6: 'certamina magna tueri per campos instructa.'
Sudare.
VI, 1145: 'sudabant etiam fauces intrinsecus atrae sanguine.' V, 1127: 'proinde sine in cassum defessi sanguine sudent, angustum per iter luctantes ambitionis.' — VI, 942: 'in speluncis saxa superne sudent umore.'
Sudor.*
II, 465: 'sudor maris.' V, 487: tam magis expressus salsus de corpore (terrae) sudor augebat mare.
Suffire.
II, 1098: 'ignibus aetheriis terras suffire feracis.'
Tabescere.
Plaut. Stich. V, 1. 8: 'quasi nix tabescit dies.' Lucrez V, 678: 'crescere itemque dies licet et tabescere noctes.'
Tangere.
IV, 231; VI, 930: 'cum tuimur misceri absinthia, tangit amaror.' II, 1130: 'alescendi summum tetigere cacumen.' III, 768; V, 844: 'cupitum aetatis tangere florem.'
Telum.*
I, 147; II, 60; III, 92, VI, 40: 'lucida tela diei,' entsprechend den 'τοξεύματα θερμὰ ἡλίου, den 'glühenden Pfeilen der Sonne,' ein Bild, welches den Mythos vom ferntreffenden Apollo veranlasst haben mag. — Lucrez VI, 398: 'patris telum' = fulmen. Aeschyl. Sept. 255: 'ὦ παγκρατὲς Ζεῦ, τρέψον εἰς ἐχθροὺς βέλος.' Vgl. c. II.
Templum.
Templum findet sich bei Lucrez öfters in der Grundbedeutung: abgegrenzter Ort. IV, 622: 'umida linguai circum sidentia templa. Dann ist es ein geweihter, heiliger Ort. Hierher gehört wohl schon 'mundi templa' = 'der Tempel der Welt.' V, 1202/3. VI, 43. — III, 25. III, 86: 'Acherusia templa.' V, 945: 'silvestria templa nympharum.' Vgl. Plautus, mil. II, 5. 3: 'quae me in locis Neptuniis templisque turbulentis servavit.' Sehr häufig begegnet uns caeli templa.'

I, 1097. II, 1001: 1039. V, 490. VI, 286 u. ö. Auch diese Metapher ist schon älteren Ursprungs. Enn. ann. fr. 54: 'unus erit, quem tu tolles in caerula caeli templa.' Vgl. auch Aeschyl. Pers. 365: 'χτέψας δὲ τέμενος αἰθέρος λεπῇ.'

Tendere, contendere.

I, 66/67: 'primum Graius homo mortalis tendere contra est oculos ansus.' IV, 323. — I, 324: 'oculorum acies contenta.' IV, 805/806 und c. II.

Tenere.

V, 818: 'terra tenet merito maternum nomen.' — V, 978: 'diffidere, ne terras aeterna teneret nox.' Vgl. c. II.

Terere, conterere.

IV, 1. 2: ,avia Pieridum peragro loca nullius ante trita solo.' — II, 1161: 'conterimus boves.' Vgl. c. II. — Siehe Naev. bell. Poen. l. VI fr. 46: 'conterit legiones.' — Ter. Hec. 815: cursando totum hunc contrivi diem.'

[Tergere], pertergere.

IV, 249/250: 'quanto plus aëris ante agitatur et nostros oculos perterget longior aura.' Vgl. IV, 274 ff. IV, 247: (aër) 'quasi perterget pupillas.' IV, 250.

Tergum.

II, 89: 'neque quicquam a tergo ibus (primordiis) obstet.' VI, 540/541: 'multaque sub tergo terrai flumina tecta volvere vi fluctus.'

Terminus.

II, 1087: 'vitae depactus terminus alte.' III, 1018: 'terminus esse malorum.'

Texere, contexere, pertexere, retexere, subtexere.*

VI, 350: 'corpora fulminis ipsa corporibus rerum inciderunt, qua texta tenentur.' IV, 52: (res mittunt corpora) 'partim diffusa, ... partim contexta magis.' I, 528/529: 'haec (corpora) neque dissolvi plagis extrinsecus icta possunt, nec porro penitus penetrata retexi.' V, 465/466: 'omnia quae sursum cum conciliantur, in alto corpore concreto subtexunt nubila caelum.' Vgl. VI, 481/482. VI, 852: 'nox ubi terribili terras caligine texit.' — V, 266/267: 'quod validi verrentes aequora venti diminuunt radiisque retexens aetherius sol.' V, 388/389. — Vgl. Horaz sat. II, 3. 3: 'scriptorum quaeque retexens, iratus tibi.'

Textum, textura, textus, contextus.

IV, 741: propter subtilem naturam ac tenuia texta (sc. imaginum). I, 242: 'quippe, ubi nulla forent aeterno corpore, quorum contextum vis deberet dissolvere quaeque' Es ist wohl möglich, dass Lucrez seinem griechischen Meister folgt, wenn er die Verbindung der Atome gerade mit diesem Bilde bezeichnet; es finden sich wenigstens auch bei Epikur ähnliche Wendungen: so Diog. L. 43: 'αἱ δὲ (ἄτομοι) τὸν παλμὸν ἴσχουσιν, ὅταν τύχωσι τῇ περιπλοκῇ κεκλιμέναι ἢ στεγαζόμεναι παρὰ τῶν πλεκτικῶν.' — 99: παρὰ περιπλοκὰς ἀλληλούχων ἀτόμων.' (S. p. 23 exordium) — Lucrez V, 94: 'tria talia texta' d. i. mare, terra, caelum. — VI, 995: 'texta rerum'. — VI, 1051: (Magnetis aestus) 'cogitur pulsare ... fluctu ferrea texta suo.' — IV, 153: 'quamvis subito quovis in tempore, quamque rem contra speculum ponas apparet imago: perpetuo fluere ut noscas e corpore summo texturas rerum tenuis.' — IV, 194 ff.; 653 ff. VI, 773 ff. 1082 ff. I, 246 ff. IV, 726: 'multo magis haec (simulacra) sunt tenuia textu, quam quae percipiunt oculos.' (Vgl. c. II).

Tingere, contingere.

V, 719: (globus pilai) 'candenti lumine tinctus.' — VI, 173, 174: 'volucri loca lumine tingunt nubes.' — IV, 404: 'sol montis esse videtur comminus ipse suo contingens fervidus igni.' (Vgl. c. II).

Titillare.

II, 428/429: (primordia) 'angellis paulum prostantibus, unde titillare magis sensus quam laedere possunt.' Horaz überträgt titillare auch auf geistiges Gebiet: sat. II, 3. 179: 'ne vos titillet gloria' entsprechend unserem 'Ruhmeskitzel.'

Tollere.

IV, 546: 'liquidam tollunt lugubri voce querellam.' — IV, 1007: clamorem tollere = Geschrei erheben.'

Tondere.

II, 317: (pecudes) 'tondentes pabula laeta.' II, 661/662: 'ex uno tondentes gramina campo lanigerae pecudes.' — Wir können diese Metapher nicht durch ein ähnliches Bild wiedergeben; doch darf hier wohl darauf hingewiesen werden, dass auf einem anderen Gebiete der metaphorische Gebrauch des lateinischen tondere und des deutschen 'scheren' übereinstimmt. Plaut. Bacch. II, 3. 8: 'itaque tondebo auro usque ad vivam cutem:' auch wir sagen 'einen scheren' im Sinne von: 'einem mit List das Seinige nehmen,' nur können wir den Gegenstand, der genommen wird, nicht hinzufügen. Dass wir andererseits das 'ad vivam cutem' in der bildlichen Ausdrucksweise ‚einen bis auf die Haut ausziehen' haben, mag nebenbei bemerkt werden.

[Torquere], extorquere.
VI, 1222: 'extorquebat enim vitam vis morbida membris.'
Trahere, contrahere.
VI, 258/259: 'nimbus trahit atram...tempestatem.' — III, 362 ff. IV, 965. II, 574: 'ex infinito contractum tempore bellum.' Vgl. c. II.

Tremere.
I, 1089: 'totum circum tremere aethera signis.'

Trucidare.*
VI, 145: 'ubi e nubi in nubem vis incidit ardens fulminis, haec multo si forte umore recepit ignem, continuo magno clamore trucidat.'

[Trudere], detrudere extrudere.
III, 962: ‚cedit enim rerum novitate extrusa vetustas semper, et ex aliis aliud reparare necessest.'

III, 359—364:
'dicere porro oculos nullam rem cernere posse,
sed per eos animum ut foribus spectare reclusis,
desiperest, contra cum sensus dicat eorum;
362) sensus enim trahit atque acies detrudit ad ipsas
fulgida, praesertim cum cernere saepe nequimus,
lumina luminibus quia nobis praepediuntur.'

Diese Stelle hat schon mancherlei Erklärungs- und Verbesserungsversuche hervorgerufen. Bernays schliesst 362 als überflüssig und des Sinnes entbehrend ein. Munro vermutet den Ausfall eines Wortes und setzt in Klammern [? the soul]. Lachmann stellt 363 vor 362. Der Sinn der Stelle dürfte klar sein; Lucretius tritt der Anschauung entgegen, als ob die Augen gewissermassen nur die geöffneten Thüren seien, durch welche die Seele sehe. Diese Anschauung widerspricht natürlich der materiellen Philosophie des Dichters, nach der alle Erscheinungen durch die Bewegung und freundliche oder feindliche Berührung und Verbindung der Atome erklärt werden sollen. Sollten nun nicht vielleicht die angeführten Verse ohne Aenderung in folgender Weise zu erklären sein: die Ansicht, als ob die Augen als solche nichts sähen, sondern nur die Thüren seien, durch welche die Seele sieht, ist Unsinn; es widerspricht derselben die Empfindung und Empfindlichkeit derselben. Dieser 'sensus oculorum' zieht das Glänzende, d. h. die Lichtatome, an und drückt sie in die Augen, besonders wenn diese sich, geblendet vom Licht, schliessen, in welchem Falle ja die Seele nichts mehr wahrnehmen würde, da die Thüren geschlossen sind. Es soll dies nichts anderes als ein Erklärungsversuch einer Stelle sein, die durch die bisher vorgenommenen Emendationen nicht viel besser geworden ist, als sie es ohne dieselben war. Dass der in meiner Erklärung angewendeten Beweisführung sich viel entgegenhalten lässt, ist klar; doch darf sie deshalb noch lange nicht als unmöglich bezeichnet werden, da ja schliesslich auch sonst die Argumentation Lucrez' oft genug nicht stichhaltig zu nennen ist.

Truncus.

III, 403: 'quamvis est circum caesis lacer undique membris truncus.' — III, 652/653: 'et caput abscisum calido viventeque trunco servat humi voltum vitalem.' — Analog gebraucht Plautus das vom nämlichen Stamm gebildete distrunco (Truc. II, 7. 53. Wortm.). 'Man sieht noch am zerhauenen Stumpf, wie mächtig war die Eiche' sagt Uhland im bekannten Gedicht 'Roland Schildträger.'

[Tundere], obtundere.

Plautus wendet dies Wort nur einmal bildlich an, Terenz nur bildlich. Lucrez: III, 452: 'obtusis ceciderunt viribus artus.' Ein Schritt weiter ist es schon, wenn es IV, 610/611 heisst 'vox obtunditur.' (Ter. Eun. III, 5. 6. Heaut. tim. V, 1. 6).

Unda.

II, 152: 'aërias quasi dum diverberet undas.' — III, 827: 'nigras lethargi mergitur undas.'

[Urere], exurere, inurere.*

III, 914: 'tamquam in morte mali cum primis hoc sit eorum, quod sitis exurat miseros atque arida torres.' VI, 1174 hat der cod. quadr. die Worte 'sitis arida, corpora inerrans.' Die anderen codd. und alten Ausgaben schreiben messans oder mersans: ihnen folgt Lachmann. Bernays dagegen macht aus inerrans inurens. Es ist klar, dass sowohl aus mersans, als auch aus inurens durch Nachlässigkeit eines Abschreibers inerrans werden konnte. Von dieser Seite ist daher Lachmanns Annahme ebenso einleuchtend, wie die Bernays.' Dass überdies die von Bernays vorgenommene Emendation durch die von mir angeführte Stelle III, 914 gestützt werden kann, ist nicht Abrede zu stellen. Doch folge ich der durch die Autorität der codd. gedeckten Annahme Lachmanns, zumal da ja auch sonst, wie wir sahen, Lucrez mersare bildlich verwendet, wenn auch nicht geleugnet werden werden soll, dass die hier vorliegende Metapher, die Verbindung von sitis und mersans, weit kühner und nach unserem Gefühl auch weniger gelungen ist, als die zu V, 1005 ff. besprochene.

Usurpare.

I, 300: 'nec frigora quimus usurpare oculis.'

[Vadere], invadere.

Schon bei Terenz (Hec. III, 2. 21) lesen wir 'dolor repente invasit.' Ebenso Lucrez VI, 1147: (dolor) 'oculos invadit in ipsos.'

Vadum.

V, 1230: 'vada leti' 'die Pfade des Todes.' — Plautus Aul. IV, 10. 73 sagt: res in vado salutis est.

Vallare.*

V, 27: 'hydra venenatis . . . vallata colubris.'

[Vehere], provehere.*

V, 1430: (genus hominum) 'non cognovit, quae sit habendi finis et omnino quoad crescat vera voluptas: idque minutatim vitam provexit in altum.'

[Vellere], evellere.

III, 327: ‚e thuris glaebis evellere odorem.' Vgl. c. II.

Velum.*

VI, 743: (aves) 'remigi oblitae pennarum vela remittunt.'

Vena.

V, 808/809: 'convertebat ibi natura foramina terrae et sucum venis cogebat fundere apertis.' VI, 808: argenti aurique venae = Goldadern. V, 1253 ff. — VI, 1068: venae tabularum.'

Verberare.

I, 271: 'venti vis verberat incita pontum, der Sturm peitscht das Meer.' IV. 257 ff.

Vesci.

V, 71/72: 'quo modo genus humanum variante loquella coeperit inter se vesci per nomina rerum.'

Vestigium.

V, 735: 'it ver et Venus et veris praenuntius ante pennatus graditur zephyrus, vestigia propter Flora quibus mater praespargens ante viai cuncta coloribus egregiis et odoribus opplet.' — III, 528: 'gelidi vestigia leti.' — III, 670: cur super ante actam aetatem meminisse nequimus, nec vestigia gestarum rerum ulla tenemus? — IV, 1132: 'in voltuque videt vestigia risus.' — V, 1258 ff.; VI, 421 ff. Vgl. c. II.

Vestire, convestire.

V, 885: 'pueris aevo florente iuventas occipit et molli vestit lanugine malas.' II, 147: (videmus) 'quam subito soleat sol ortus tempore tali convestire sua perfundens omnia luce.'

Vestis.

III, 610: 'quod si immortalis nostra foret mens, non tam se moriens dissolvi conquereretur, sed magis ire foras vestemque relinquere, ut anguis.' — IV, 58. 59: 'lubrica serpens exuit in spinis vestem.'

Via.*

II, 10: 'viam ... quaerere vitae.' — II, 918: 'leti vitare vias.' Ebenso Horatius, c. I, 28, 15/16: 'via leti.' Vgl. c. II.

Videre.

IV, 260/261: 'fierique perinde videmus corpore tum plagas in nostro.' V, 706/707: (luna solem) 'contra pleno bene lumine fulsit atque oriens obitus eius super edita vidit.' — Eine ähnlich personificierende Metapher haben wir bei Plautus (Stich. I, 2, 54): meliorem neque tu reperies, neque sol videt.' Catull VII, 7: 'aut quam sidera multa furtivos hominum vident amores.' — Wie unser 'sehen', das lateinische 'videre', wird auch das griechische $\vartheta\varepsilon\omega\rho\varepsilon\tilde{\iota}$-$\sigma\vartheta\alpha\iota$ metaphorisch mit Leblosem verbunden in der Bedeutung: eine Richtung haben nach der oder jener Seite. Diog. L. 41: „τὸ δὲ ἄκρον παρ' ἕτερόν τι θεωρεῖται.‘

Vigere.

V, 1055: 'vox et lingua vigeret.' V, 1402: 'omnia quod nova tum magis haec et mira vigebant.' I, 11: 'reserata viget genitabilis aura favoni.' — V, 305: 'inviolabilia haec ne credas forte vigere (sidera).' Vgl. c. II.

Vigescere.

I, 674 und 757: 'ne ... de niloque renata vigescat copia rerum.'

Vincere, devincere, revincere.

III, 994/995: 'qui petere a populo fasces saevasque secures imbibit (lechzen), et semper victus tristisque recedit;' auch wir vergleichen die Wahl einem Kampfe.. IV, 1111: 'nec reperire malum id possunt quae machina vincat.' — Bei dem kriegerischen Sinne des römischen Volkes darf es nicht wundernehmen, wenn, wie überhaupt, so auch bei Lucrez der Metaphern viele sind, welche auf den Krieg Bezug haben. Zu vincere vgl. noch IV, 1201/1202. — 1276/77. V, 108/109. — 343/344. — I, 855/56. II, 954 ff.; V, 1100 ff.; 1267 ff. — III, 946. I, 202: 'multaque vivendo vitalia vincere saecla.' (Vgl. c. II). Man beachte hier auch die, bei Lucrez übrigens sehr häufige, Alliteration. I, 493: 'glacies aeris flamma devicta liquescit.' — I, 592: 'si primordia rerum commutari aliqua possent ratione revicta.' — V, 306 ff. — Vgl. c. II.

Vincire, devincire.

S. c. II. — IV, 451/452: 'suavi devinxit membra sopore somnus.' — IV, 1019/1020: 'puri… somno devincti.' Lucrez hat hier, wie so oft, an Ennius einen Vorgänger: ann. fr. 4: somno leni placidoque revinctus.' — Ebenso sagt Catull LXIV, 122: 'devinctam lumina somno.'

Vinculum.

III, 597: 'extremum cupiunt vitae reprehendere vinclum.' V, 872: 'haec (animalia) aliis praedae lucroque iacebant indupedita suis fatalibus omnia vinclis.' Vgl. c. II.

Violare.

IV, 134/135: 'ut nubes facile interdum concrescere in alto cernimus et mundi speciem violare serenam.'

[Visere], revisere.

IV, 391: (sidera) 'longos obitus exorta revisunt cum permensa suo sunt caelum corpore claro.' — V, 633 ff. Vgl. c. II.

Vivere.

I, 1034: 'efficit, ut … vivant labentes aetheris ignes.' — Auch Plautus (Aulul. I, 2, 15) sagt: 'si ignis vivet.' — Lucr. V, 534 ff.: terra vivit partibus aëriis mundi insita.

Vivescere.

IV, 1060: 'ulcus enim vivescit.' IV, 1129: (verbum) 'vivescit ut ignis.'

Vocare, revocare.

II, 318: 'quo quamque vocantes invitant herbae.' V, 524: 'quo cuiusque cibus vocat.' — V, 942: 'sedare sitim fluvii fontesque vocabant.' — V, 255: 'pars etiam glebarum ad diluviem revocatur imbribus.' — VI, 291/292. — I, 265 ff.; II, 954 ff. IV, 1232 ff.

Volare, devolare, evolare, pervolare, pervolitare, provolare, transvolare, transvolitare.

Alle diese Worte, deren metaphorischer Gebrauch sich auch bei Ennius, Plautus, Terenz schon findet, werden von Lucrez nicht nur zur Bezeichnung jeglicher schnellen Bewegung bildlich mit Lebewesen verbunden, sondern auch auch auf leblose Gegenstände übertragen, ebenso wie ire. Der Beispiele sind auch hier so viele, dass es genügen muss einige herauszugreifen. V, 489: 'volabant corpora multa vaporis et aëris.' — VI, 314: 'ut, lapidem ferro cum caedimus, evolat ignis.' — II, 206: 'nocturnasque faces caeli, sublime volantis.' Vgl. Enn. ann. fr. 281: 'nox quando mediis signis praecincta volabit.' — Lucr. II, 213: 'transversosque volare per imbris fulmina cernis.' — VI, 97: 'sublime volantes aetheriae nubes.' — VI, 611: 'tempestatesque volantes;' auch wir sprechen von den 'Flügeln des Sturmes.' VI, 294: 'ardenti sonitus cum provolat ictu.' — I, 355: 'clausa domorum transvolitant' (sc. voces). — VI, 951 ff. Vgl. Plaut. Amph. I, 72: 'vox advolavit.' — Lucrez VI, 204: 'hac etiam fit uti de causa mobilis ille devolet in terram liquidi color aureus ignis.' IV, 600: 'species qua travolat omnis.'

IV, 387: 'fugere ad puppim colles campique videntur, quos agimus praeter navem velisque volamus.' V, 1440: 'mare velivolis florebat puppibus.' Auch hier hat Lucrez seine Vorgänger und Nachfolger. Enn. ann. l. XIV, fr. 259: 'labitur uncta carina, volat super impetus undas.' — fr. 260: 'navibus velivolis.' — Catull, IV, 4/5: 'sive palumbis opus foret volare, sive linteo.' — Lucrez II, 329: 'et circum volitant equites.' Enn. ann. III, 467: 'Sol equis iter repressit ungulis volantibus.' — Plautus, Amphitr. I, 1. 87/88: 'equites involant.' — Terenz, Hec. Prol. 40: 'populus convolat.'

Volucris.

I, 1094: 'volucri ritu flammarum.' — VI, 173: 'volucri loca lumine tingunt nubes.'

Volvere.

II, 590: 'volventes frigora fontes;' vielleicht eher als Metonymie zu bezeichen, efficiens pro effecta re. VI, 371/372: 'calor extremus primo cum frigore mixtus volvitur, autumni quod fertur nomine tempus.' — VI, 1152: 'spiritus ore foras taetrum volvebat odorem.' — Vgl. c. II.

Vomere, intervomere, pervomere, revomere.

I, 722: 'Aetnaea minantur murmura flammarum rursum se

colligere iras, faucibus eruptos iterum ״is ut vomat ignis.' IV, 827: 'posterius fit, uti, cum iam cecidere (alites) veneni in fontis ipsos, ibi sit quoque vita vomenda.' — VI, 894: (aequor) 'dulcis inter salsas intervomit undas.' Wieder ist Ennius hier Vorbild: 'et Tiberis flumen vomit in mare salsum' (l. II, fr. 100). — Lucr. VI, 447: 'turbinis inmanem vim provomit' (sc. prester). — II, 197: umor aquae tigna revomit. — Plaut. Curc. V, 3. 10: 'atque argentum propere propera vomere.' — Terenz verbindet evomere auch mit Abstractis: Ad. III, 2, 14: 'ut ego iram hanc in eos evomam omnem.'

Wir sind am Ende unseres ersten Kapitels angelangt. Wer die bisher aufgezählten Metaphern mit Aufmerksamkeit durchliest, dem wird es nicht entgehen, dass unter denselben die Ausdrücke der Bewegung in auffallender Weise vorherrschen. Das numerische Verhältnis der Metaphern aus diesem Gebiet zu den übrigen Metaphern gestattet uns nicht, als einzigen Grund dieser Erscheinung die Neigung der Lateiner für bildliche Ausdrücke aus dieser Sphäre anzuführen. Die Ursache ist in der That eine andere, sie ist im Inhalte der von Lucrez vorgetragenen Epikureischen Lehre zu suchen. Alles ist durch Bewegung der Atome entstanden, alles Werden und Vergehen ist Vereinigung und Trennung kleinster Körperchen, das ist im wesentlichen die Lehre, welche unser Dichter vertritt; es ist selbstverständlich, dass sich diese Anschauung nicht beweisen oder überhaupt darstellen lässt, ohne dass fortwährend die Ausdrücke der Bewegung zur Anwendung kommen. Der Dichter muss daher schon um lästige Wiederholungen zu vermeiden, häufig zu Metaphern auf diesem Gebiete greifen. Nicht weniger aber als der Schmuck der Rede verlangt die Anschaulichkeit die Anwendung bildlicher Ausdrücke; es darf dabei nicht vergessen werden, dass die Epikureische Lehre in dieser Ausführlichkeit den Römern in ihrer Muttersprache überhaupt noch nicht vorgetragen war, dass der Dichter daher in ganz besonderem Masse sich der Klarheit und Deutlichkeit im Ausdruck befleissigen musste, und dass ihn wohl auch manchmal die öfter von ihm beklagte egestas sermonis patrii nötigte eine Metapher zu wählen.

Unter den Verben der Bewegung, welche ungefähr den dritten Teil aller bisher angeführten Metaphern bilden, ragen wiederum an Zahl weit diejenigen hervor, welche auf das Wasser Bezug haben. Es ist das nicht eine specielle Eigentümlichkeit des Lucrezischen Sprachgebrauchs, sondern eine im Lateinischen überhaupt beobachtete Erscheinung; ja ich glaube, eine sprachvergleichende Untersuchung auf diesem Gebiete würde ergeben, dass wir die Grenzen noch weiter ziehen müssen, dass die Metaphern aus diesem Gebiete auch in anderen Sprachen überaus zahlreich sind. Ich erinnere nur an das Deutsche; wir sprechen bildlich vom Ueberfluss; ein überfreundlicher Mensch 'fliesst vor Höflichkeit über;' der 'Zufluss' wird bildlich bei materiellen, wie bei immateriellen Begriffen gebraucht. Dass 'Einfluss' eine Metapher sei, ist uns beinahe nicht mehr bewusst, obwohl das Wort auch in seiner ursprünglichen Bedeutung erhalten ist. Die Zeit ist uns 'verflossen' und sie 'verrinnt.' Wir 'schütten' dem Freunde das Herz aus und sprechen von 'aufwallendem' Zorn und den 'hochgehenden Wogen' der Leidenschaft. Wie viele solche Metaphern liessen sich noch anführen! Diese Erscheinung kann nicht Wunder nehmen. Bietet doch das Wasser, wie es bald wallt und wogt, bald ruhig dahin fliesst, nun schäumend über das Ufer braust, nun in weiter Fläche fast bewegungslos daliegt, die mannigfachsten Bilder. Betrachten wir einzelne der aus Lucrez angeführten Metaphern aus diesem Gebiete.

Fluere bezeichnet die ununterbrochene Bewegung der Atome; dann, unserem Sprachgebrauch entsprechend, den Fluss der Rede; da aber das Fliessende den Augen entschwindet, wird auch die Vergänglichkeit der Dinge mit diesem Worte ausgedrückt; weiterhin wird das Schlaffwerden der Glieder im Schlafe und Tod unter dem Bilde des Fliessens dargestellt.

Dass fundere ein reichliches Hervorbringen bedeutet, wurde schon erwähnt. Was zusammengegossen wird, vermischt sich und lässt sich schwer mehr in seine ursprünglichen Bestandteile zerlegen. So steht confundere erstlich für 'enge verbinden,' dann aber auch im Sinne von 'verwirren.' Diffundere und profundere heisst verschwenden, denn was verschüttet wird, geht nutzlos zu grunde. Aber auch Worte, welche nicht aufmerksam gehört und befolgt werden, verfehlen ihren Zweck; daher das sprichwörtliche: 'ventis verba profundere;' es genügte eigentlich schon das profundere; es liegt wohl eine Vermischung zweier Bilder vor, hervorgegangen aus dem Streben den in profundere liegenden Begriff des 'nutzlosen Vergiessens' noch zu verstärken. Wie ferner das Wogen und Stürmen einem Kampfe verglichen wird, so stellt man auch umgekehrt den Kampf und weiterhin heftige Gemütsbewegungen unter dem Bilde des Meersturmes dar. 'Belli aestus;' 'irarum aestus.' Eine Weiterbildung sind dann Ausdrücke, wie 'morbi aestus:' die Wogen der Krankheit drohen den Kranken zu verschlingen.

Diese Beispiele mögen genügen, um zu zeigen, wie gerade das Wasser durch seine verschiedenen Erscheinungsformen als Meer, Fluss, Regen (imber lacrimarum zwar nicht bei Lucrez, aber sonst dem Lateinischen so wenig wie dem Deutschen fremd), durch seine mannigfache Verwendbarkeit, seine mancherlei Eigenschaften, vor allem seine Beweglichkeit einen Reichtum an Bildern bietet, wie kaum etwas anderes.

Es schien mir angemessen schon hier auf die auffallend häufige bildliche Anwendung der Ausdrücke der Bewegung hinzuweisen, da der Grund dieser Erscheinung, wie erwähnt, in der Darstellung der Epicureischen Atomistik zu suchen ist, alle auf die Atombewegung bezüglichen Metaphern aber naturgemäss in den Rahmen unseres I. Kapitels fallen. Als Zahlenbeleg für die Behauptung, dass der Inhalt der Epicureischen Lehre von grösstem Einfluss in der angedeuteten Richtung sei, diene die Thatsache, dass allein unter den Metaphern, welche mit fluere, ire und deren Compositis gebildet sind, sich vierzig Verbindungen dieser Worte mit corpuscula, primordia, prima elementa etc. finden. Noch viel grösser würde die Zahl werden, wenn wir berechnen würden, wie oft bei der Darstellung der Atomenlehre die Substantiva vox, lumen, odor u. ä. mit jenen Verben in Verbindung sich finden.

Die im ersten Kapitel gesammelten Beispiele gewähren uns bereits ein Bild davon, wie Lucrez die Metaphern zur Veranschaulichung der von ihm vorgetragenen philosophischen Lehren ebenso wie zum dichterischen Schmuck der Rede verwendet, und wie sie ihm dienen müssen, der Armut der Rede abzuhelfen; auch wäre wohl schon annähernd zu erkennen, aus welchen Gebieten er mit Vorliebe seine bildlichen Ausdrücke nimmt. In vollem Umfang wird sich dies alles aber erst dann darthun lassen, wenn wir den ganzen reichen Schatz an Metaphern bei Lucrez überblicken können. Am wenigsten bietet das im ersten Kapitel niedergelegte Material eine genügend feste und breite Grundlage, um darauf weiter zielende Schlüsse aufbauen zu können. Ich verspare mir daher alle Betrachtungen über den Sprachgebrauch des Dichters, seine Abhängigkeit oder Unabhängigkeit von Vorgängern in der römischen und griechischen Litteratur, über den Stand der Metaphern im Lateinischen zu Lucrez Zeiten und über Wesen und Entwicklung dieses Tropus für den Schluss der Arbeit.

II. Kapitel.

Uebertragung concreter Begriffe auf abstracte Begriffe.

Accendere.
 II. 941: 'vitalis ... motus, quibus omnicientes accensi sensus animantem quamque tuentur.' II, 959: 'paene amissos accendere sensus.' III, 331—335: 'inplexis ita principiis ab origine prima inter se fiunt consorti praedita vita, nec sibi quaeque sine alterius vi posse videtur corporis atque animi seorsum sentire potestas, sed communibus inter eas conflatur utrimque motibus accensus nobis per viscera sensus.' Alle diese Bilder sind vom Feuer hergenommen. Dem Feuer wohnt aber eine doppelte Kraft inne, zu leuchten und zu erwärmen, zu brennen. Nach beiden Seiten hin kann der Geist und die Empfindungen dem Feuer verglichen werden. Wenn Lucrez I, 1109 sagt: 'ita res accendent lumina rebus' so ist das tertium comparationis die Erleuchtung. Die andere Kraft des Feuers liegt dem Vergleiche zu Grunde, der sich V, 173 findet: 'sed cui nil accidit aegri tempore in anteacto, cum pulchre degeret aevom, quid potuit novitatis amorem accendere tali?' Vgl. Ter. Andr. II, 1. 8: 'quo magis lubido incendatur.' — Plaut. As. V, 2. 69: 'ex amore tantumst incendium.' 'Brennende Liebe.' 'Feuer der Leidenschaft.'

Acer.
 II, 1041: 'magis acri iudicio perpende.' Vgl. Epic. D. L. 85: 'ὀξέως αὐτὰ περιόδευε.' — VI, 392: 'documen mortalibus acre.' — V, 87: 'dominos acris.' VI, 62; V, 399: 'ira tum percitus acri.' V, 623: 'acris ... viris.' VI, 1210: 'mortis metus his incesserat acer.' Vgl. c. I.

Acerbus.
 V, 1192/1193: 'o genus infelix humanum, talia divis cum tri-

buit facta atque iras adiunxit acerbas!' Plautus (As. III, 3. 5) sagt: 'funus acerbum,' ein herbes Leichenbegängnis.' Eine wörtliche Wiedergabe des Lucrezischen Bildes ist uns nicht möglich. Der metaphorische Gebrauch des Wortes 'bitter, herb' gerade in Beziehung auf Gemütsstimmungen, Leidenschaften ist uns ja sehr geläufig, acerbus aber bezeichnet doch mehr das Einschneidende, ira acerba ist also ein Zorn, der anderen weh thut; es darf nicht übersehen werden, dass unser 'bitter, herb' eigentlich schon nicht ganz dem lateinischen 'acerbus' entspricht, wenn auch acerbus so häufig im Sinne von 'bitter' gebraucht wurde, dass dem Römer die Grundbedeutung des Wortes dabei vielleicht gar nicht mehr in den Sinn kam.

Acutus.

IV, 800: 'acute cernere non potis est animus.' Vgl. den entsprechenden Gebrauch von ὀξύτατον δέρκεσθαι im Griechischen. — Hor. sat. I, 3, 26: 'cur in amicorum vitiis tam cernis acute?' Vgl. c. I.

Adytum.*

I, 737: 'ex adyto tamquam cordis responsa dedere.' Wir sahen oben, dass Lucrez den Körper einem Hause vergleicht; sehr wohl kann daher das Herz ein adytum genannt werden. Auch wir vergleichen das Herz einem Heiligtum.

Aeger.

III, 931: 'aegris luctibus indulges.'

Aegrotare.

Mehrmals finden wir aegrotare im trinummus des Plautus metaphorisch gebraucht: so I. 1. 8: 'dum illi (mores boni) aegrotant,' I, 2. 34: 'in te aegrotant artes antiquae tuae.' — Lucrez IV, 1116: 'aegrotat fama vacillans.'

Aequus.

V, 392: 'tantum spirantes aequo certamine bellum.' V, 1147: 'legibus aequis.' V, 1021. — V, 1117: 'aequo animo.' — Vgl. c. I.

Aestus.

III, 173: saevus aestus mentis. Vgl. Epic. D. L.: ὁ τῆς ψυχῆς χειμών.' Vgl. c. 1. Catull, LXVIII, 107: 'amoris aestus.'

Alere.

III, 63: 'haec vulnera vitae non minimam partem mortis formidine aluntur.' Epicur überträgt συντρέφεσθαι auf Concreta. Diog. L. 111: 'πυρὸς συντρεφομένου.'

[Agere], subigere.

III, 1074: 'tanto opere in dubiis trepidare periclis quae mala nos subigit vitai tanta cupido.'

Alte.

VI, 647: 'hisce tibi in rebus latest alteque videndum.' Vgl. c. I.

Amarus.

III, 907: 'illud ab hoc igitur quaerendum est, quid sit amari tanto opere, ad somnum si res redit atque quietem.' — IV, 1125: 'nequiquam, quoniam medio de fonte leporum surgit amari aliquid, quod in ipsis floribus angat.' — Vgl. Ter. Hec. 710: 'amarae mulieres sunt.' — Hor. c. IV, 12. 19/20: 'amara curarum.' Ebenso gebrauchten die Griechen 'πικρός', gebrauchen wir 'bitter' metaphorisch.

Ambages.

VI, 1079: 'nec tibi tam longis opus est ambagibus usquam.' 'Umschweif.'

Ambiguus.

IV, 1129: 'in ambiguo verbum iaculata reliquit.'

Anceps.

VI, 596: 'ancipiti trepidant igitur terrore per urbis, tecta superne timent, metuunt inferne cavernas terrai ne dissolvat natura repente.'

Angere.

IV, 1125/1126: 'medio de fonte leporum surgit amari aliquid, quod in ipsis floribus angat.'

Apertus.

II, 162: 'quae tibi posterius, Memmi, faciemus aperta.' Vgl. Epic. ep. ad Herod. D. L. 76: 'ὕστερον δὲ κοινῶς καθ' ἕκαστα ἔθνη τὰ ἴδια τεθῆναι πρὸς τὸ τὰς δηλώσεις ἧττον ἀμφιβόλους γενέσθαι ἀλλήλοις καὶ συντομωτέρως δηλουμένας.' — Ter. Andr. I, 2, 3: 'ita aperte ipsam rem modo locutus.' Ebenso wird bei uns 'offen,' 'eröffnen' etc. bildlich angewendet.

Ardere.

IV, 1189 ff.: 'nec ratione alia volucres, armenta feraeque et pecudes et equae maribus subsidere possunt, si non ipsa, quod illorum subat, ardet abundans natura.'

Ardor.*

III, 251: 'sive voluptas est, sive est contrarius ardor.'

III, 289: 'ex oculis micat acribus ardor (sc. irae).' IV, 1107/1108: 'tandem ubi se erupit nervis conlecta cupido, parva fit ardoris violenti pausa parumper.' — IV, 1207/1208. 1069. — 1078/1079. Vgl. c. I.

Ardescere.

IV, 1082: 'ardescit dira cuppedine pectus.' — V, 894: 'nec simili Venere ardescunt.' Alle diese mit ardere, ardor, ardescere gebildeten Metaphern lassen sich im Deutschen durch die nämlichen oder ähnliche Bilder wiedergeben. Auch wir sprechen von der 'Glut der Liebe und des Hasses,' von 'Brunst,' 'die Brust entbrennt vor Begierde' u. s. w.

Artus.

V, 1145: 'arta iura.'

Aureus.

Plautus gebraucht dieses Wort nicht metaphorisch. Lucrez III, 12: 'aurea dicta, aurea' 'goldene Lehren;' ebenso wird χρυσοῦς im Griechischen übertragen.

Avius.*

II, 82: 'avius a vera longe ratione vagaris.' — II, 229. — II, 740. — III, 463: 'quin etiam morbis in corporis avius errat saepe animus.'

Bacchari.

V, 820: 'animal ... omne, quod in magnis bacchatur montibu passim.' — Horaz verbindet in kühnerer Weise bacchari auch mit Leblosem: c. III, 3, 54 ff.: 'visere gestiens, qua parte debacchantur ignes, qua nebulae pluviique rores.'

[Bibere], imbibere.

Inbibere wird wie inhiare im Sinne von 'heftig nach etwas verlangen' gebraucht. III, 994: 'saevas secures imbibit,' 'ihn dürstet nach' ...; VI, 71 ff.: 'non quo violari summa deum vis possit, ut ex ira poenas petere inbibat acris.'

Cacumen.

V, 1454/1455: 'namque alid ex alio clarescere conveniebat, artibus ad summum donec venere cacumen.' Auch hier können wir im Deutschen bei dem vom Dichter gewählten Bild bleiben. Vgl. c. I.

Cadere, accidere, excidere.

Die Uebertragung dieser Worte ist alt und überaus häufig; in ähnlicher Weise wie cadere wird im Griechischen πίπτειν und seine Composita bildlich angewendet. Wir haben das gleiche Bild wie in accidere in den Worten 'Zufall, zufällig.'

Cadere: V, 328: 'quo tot facta virum totiens cecidere?' V, 1416: 'pellis item cecidit vestis contempta ferinae.' — IV, 1174: meditata diu cadat alte sumpta querella.' — III, 834: 'utrorum ad regna cadendum omnibus humanis esset.' — V, 1145: 'cecidit sub leges.' Auch wir gebrauchen fast in der nämlichen vielseitigen Weise 'fallen.' 'Ein alter Gebrauch ist gefallen;' ‚das fällt unter das Gesetz,' 'Einem fällt etwas zu,' 'fallen lassen etwas = etwas aufgeben.' — Vgl. Ter. Andr. IV, 4. 42: 'iocularium in malum insciens paene incidi.' — Soph. Electr. 215/216: 'οἰκείας εἰς ἄτας ἐμπίπτεις.' — Epic. ep. ad Pythocl. D. L. 97: 'εἰς δὲ τὸ μάταιον ἐκπεσοῖσι.' Vgl. 87; 98. 116. 144. — Lucrez, III, 673: 'exciderit retinentia rerum = ist entfallen.'

Caecus.
II, 14: 'o pectora caeca.'

Calcar.
V, 1073: 'equus ... pinnigeri calcaribus ictus amoris.' Wenn wir uns an die schönen, humoristischen Darstellungen des Centaurenbändigers Amor durch Aristeas und Papias erinnern, so wird niemand die Möglichkeit, dass dem Dichter ein ähnliches Bild vorgeschwebt habe, abstreiten wollen. Wir sehen, dass auch hier das Gebiet der Mythologie und der poetischen Metapher sich schwer auseinanderhalten lässt.

Calere.
V, 1312: (leones) 'permixta caede calentes turbabant saevi nullo discrimine turmas.'

Capere, accipere, percipere.
I, 15/16: (pecus) 'capta (gefangen) lepore te sequitur cupide.' IV, 1015: 'quasi mentibu' capti.' — I, 49. II, 651: divum natura ... nec bene promeritis capitur neque tangitur ira.' — Vgl. Lucil. sat. fr. 404: 'epulis capiuntur opimis.' — III, 79/80: vitae percipit humanos odium.' III, 28/29: me ... divina voluptas percipit atque horror.' — Vgl. Epic. ad Menoec. D. L. 132: 'τὰς ψυχὰς καταλαμβάνει θόρυβος.' Wie der Gefangene die freie Selbstbestimmung verliert, so wird derjenige, welchen Leidenschaft ganz einnimmt, ein Sklave derselben. — Lucr. V, 966: 'silvestria membra nuda dabant terrae, nocturno tempore capti.' Vgl. c. I.

Caput.

V, 1205/1206: 'cura illa quoque expergefactum caput erigere infit' 'die Sorge hebt, aus dem Schlafe gerüttelt, ihr Haupt empor.' Vgl. c. I.

Cassus.

IV, 125: 'quin potius noscas rerum simulacra vagari multa modis multis, nulla vi, cassaque sensu.' IV, 509/510: 'illa tibi est igitur verborum copia cassa omnis;' 'leerer Schall' ist eine ähnliche Verbindung: auch sagen wir geradezu 'leere Worte' allerdings in einem anderen Sinne, als ihn die vorliegende Stelle hat. III, 979: 'Tantalus, ut famast, cassa formidine torpens', leere Furcht.

[Cedere], concedere, discedere, succedere.

VI, 55: 'concedere regnum.' IV, 1175 ff. IV, 910: 'ne ... retro vera repulsanti discedas pectore dicta == sich abwenden;' VI, 1210: 'usque adeo mortis metus his incesserat acer.' V, 1121: 'ad summum succedere honorem certantes = aufsteigen.' V, 1273. 1276. IV, 1051 ff.

[Cernere], discernere.

IV, 382: 'hoc animi demum ratio discernere debet.' Vgl. c. I.

Certare.

Schon Ennius (ann. l. VIII, fr. 187) sagt: 'haut doctis dictis certantes.' Bei Lucrez II, 11 lesen wir, certare ingenio.' III, 3: 'te sequor, o Graiae gentis decus ..., non ita certandi cupidus quam propter amorem quod te imitari aveo.' Vgl. c. I.

[Cingere], accingere.*

II, 1043: 'dede manus, aut, si falsum est, accingere contra.'

Clades.

III, 84: obliti fontem curarum hunc esse timorem ..., hunc ... in summa pietatem evertere clade.' V, 47/48: 'quantas efficiunt clades!' (sc. superbia spurcitia ae petulantia).

Clarare.

IV, 775/776: 'multaque in his rebus quaeruntur, multaque nobis clarandumst' 'aufhellen.'

Clarere.

VI, 937: 'quod in primo quoque carmine claret.'

Clarescere.

V, 1454: 'alid ex alio clarescere conveniebat' 'klar werden.' V, 830: 'aliut clarescit et e contemptibus exit.' Beide Metaphern gehen von verschiedenen Bedeutungen des Wortes clarus aus.

Clarus hell, daher clarescere hell werden in geistigem Sinne: 'klar, verstandlich werden.' Clarus hell = glänzend, was weithin sichtbar ist, daher berühmt; so kommt clarescere zur Bedeutung 'zu Ansehen kommen,' welche wir in der zweiten der angeführten Stellen haben.

[Claudere], concludere, intercludere, recludere.

V, 689: 'propter signiferi posituram totius orbis obliqui, terras et caelum lumine lustrans annua sol in quo concludit tempora serpens.' VI, 1262: 'multa ... corpora silanos ad aquarum strata iacebant interclusa anima nimia ab dulcedine aquarum.' — V, 612: 'nec ratio solis simplex reclusa (erschlossen) patescit.' Vgl. c. I.

Claudicare.*

III, 453: 'claudicat ingenium, delirat lingua, labat mens.' Lact. de opif. dei 4, 12 (Usen. Epic.): esse aliqua in quibus videretur providentiae ratio claudicare.

Comes.

Plautus, merc. V, 2. 30: 'non amittunt hi me comites, qui tenent ... cura nimia, aegritudo, lacrumae, lamentatio. — III, 400: (anima) 'comes insequitur (sc. mentem animumque) facile et discedit in auras.' VI, 1156: 'intolerabilibusque malis erat anxius angor adsidue comes.' Vgl. Hor. c. IV, 5, 24: 'culpam poena premit comes.' Dass wir unser 'Gefährte' genau in derselben Weise bildlich verwenden ist bekannt.

Compescere.

III, 953: 'aufer abhinc lacrimas, balatro, et compesce querellas.' Hor. c. II, 20, 23: 'compesce clamorem.'

Contagium.*

III, 736: 'nec tamen est quidum perfectis insinuentur corporibus (animae): neque enim poterunt suptiliter esse conexae, neque consensus contagia fient.' (Vgl. c. I).

Creper.*

V, 1293: 'ferro coepere solum proscindere terrae exaequataque sunt creperi certamina belli.' Creper steht hier metaphorisch für dubius, wo andere Autoren 'anceps,' 'ambiguus' sagen würden, was ja auch eine Metapher ist, deren Kraft aber durch den allgemeinen Gebrauch abgeschwächt ist.

Currere, concurrere, decurrere, occurrere.

Vgl. c. I. — VI, 363: 'variae causae concurrunt fulminis

omnes.' — Vgl. Ter. Adelph. IV, 4. 19: 'tot concurrunt veri similia.' — Ter. Andr. III, 2. 31. — Lucr. VI, 29*: 'quid mali foret in rebus mortalibu' passim, quod fieret naturali varieque volaret seu causa seu vi, quod sic natura parasset, et quibus e portis occurri cuique deceret.' — III, 311: ,proclivius hic iras decurrat ad acris.' — IV, 1187: 'communia quaerens gaudia sollicitat spatium decurrere amoris' 'ablaufen.' Ebenso Plautus, Stichus I, 2. 14: 'decurso aetatis spatio.' — III, 521: 'usque adeo falsae rationi vera videtur res occurrere,' die richtige Ansicht läuft der falschen entgegen.' Cicero, de fin. I, 6. 19: 'cum illud occurreret, si omnia deorsus e regione ferrentur . . ., numquam fore, ut atomus altera alteram posset attingere. — I, 370: 'illud in his rebus ne te deducere vero possit, quod quidam fingunt, praecurrere cogor = einem Einwand schleunig zuvorkommen.'

Cursus.*

VI, 28: 'recto contendere cursu' (sc. ad bonum summum).

Dare, condere, edere, prodere.

Dare und seine compp. werden schon von Plautus und Terenz bildlich gebraucht. Plaut. Amphitr. I, 1. 53/54: 'otium dare.' — Ter. Andr. I, 1. 36: 'eis sese dedere.' — Lucrez II, 187: 'fraudem dare = fallere.' Vgl. c. I. — III, 538: 'quin etiam si iam libeat concedere falsum, et dare posse animam glomerari in corpore eorum, lumina qui lincunt;' wir setzen hier bildlich das Compositum 'zugeben?' II, 1129: 'manus dandum est = concedendum est.' — II, 1043: 'dede manus.' Auch unser 'Einschlagen' hat die Bedeutung des Zugeständnisses, ist ein Zeichen der Uebereinstimmung. III, 355: 'palam quod res dedit ac docuit nos.' — IV, 909: 'tu mihi da tenuis aures.' — V, 1. 2: quis potis est dignum pollenti pectore carmen condere pro rerum maiestate hisque repertis.' — Edere und prodere im Sinne von declarare, demonstrare steht II, 612. III, 976 fl. IV, 178. Vgl. c. I.

Ducere, adducere, deducere, inducere.

Die metaphorische Anwendung dieser Worte findet sich schon bei Lucilius, Plautus, Terentius. Ebenso wird im Griechischen ἄγειν, ἐπάγειν, ἀνάγειν etc. bildlich gebraucht. Terenz Andr. I, 2. 10: 'nos duci falso gaudio.' — Lucrez II, 478 ff.; 523: 'res, quae ex hoc apta fidem ducat.' — II, 788: 'tum porro quae ducit et inlicit, ut tribuamus principiis rerum nonnumquam causa colores, occidit.' — II, 867: 'neque id manufesta refutant . . ., sed magis ipsa manu ducunt et credere cogunt.' — IV, 591 ff. V, 1339: 'vix adducor, ut antequam commune malum fieret foedumque, futurum non quierint animo praesentire atque videre.' II, 171: 'mortalis quae suadet adire ipsaque deducit dux vitae dia voluptas.' — Lucilius, sat. fr. 545: 'illo oculi deducunt ipsi.' Vgl. sat. fr. 445. — Lucr. I, 140: 'tua me virtus tamen et sperata voluptas suavis amicitiae ... inducit noctes vigilare serenas.' — Bei dem ersten der angeführten Beispiele weist das Bild auf die Grundbedeutung des Wortes ducere = ziehen zurück; in allen anderen Fällen müssen wir zur Erklärung der Metapher auf die Bedeutung 'führen' zurückgreifen.

Dulcedo.

III, 892: 'iam non domus accipiet te laeta neque uxor optima nec dulces occurrent oscula nati praeripere et tacita pectus dulcedine tangent.' — V, 1406: 'vigiles ... numerum servare sonis didicere, neque hilo maiorem interea capiunt dulcedini' fructum, quam silvestre genus capiebat terrigenarum.' Vgl. c. I.

Dulcis.

Der bildliche Gebrauch von dulcis bietet sich sozusagen ungesucht dar; er ist daher wohl sehr alt. Bei Plautus Asin. III, 3. 24 lesen wir: 'o melle dulci dulcior tu's'. Lucrez V, 21: 'dulcia ... solacia vitae.' — VI, 4. — V, 987: 'dulcia ... labentis lumina vitae.' — V, 1365: 'culturam dulcis agelli.' — IV, 1226: 'gnatis dulcibus.' III, 893. — Dass wir bei Catull das Wort dulcis besonders häufig in bildlichem Sinne finden, kann bei dem Inhalt von dessen Liedern nicht auffallen. LI, 5. LXIV, 157 und 175. LXVI, 6 u. ö. — Wir sind im bildlichen Gebrauch des Wortes 'süss' sparsamer. Wohl sagen auch wir 'ein süsser Trost' 'süsse Kinder;' auffallender ist schon 'das süsse Lebenslicht;' gesucht und affectiert würden uns Ausdrücke wie 'das süsse Aeckerchen' erscheinen. — Vgl. Enn. ann. l. II. fr. 73: 'dulce desiderium'

Dux.*

I, 638: 'Heraclitus init quorum dux proelia primus.' — II, 172: 'dux vitae dia voluptas.' Vgl. ducere.

Ebrius.*

III, 1049: 'ebrius urgeris multis miser undique curis.' Uns ist dieses Bild fremd; wir gebrauchen 'trunken' bloss in Verbindung mit freudigen Gemütsbewegungen: 'wonnetrunken' 'vom Glücke berauscht.' Uebrigens ist dem Lateinischen ebrius auch in solchen Verbindungen geläufig. Hor. c. I. 37, 11, 12: regina ebria fortuna dulci. Auch die Griechen wenden μεθύειν in beiden Richtungen bildlich an; wir finden 'μεθύειν ἐξ ὀδυνάων' ebenso wie 'μεθύειν ἔρωτι' und 'τῷ μεγέθει τῶν πεπραγμένων' (Dem. 4, 49).

Effugium.

III, 521: 'usque adeo falsae rationi vera videtur res occurrere et effugium praecludere eunti.'

Errare, derrare.

II, 10. 740. III, 105. VI, 67 steht errare im Sinne von 'unrichtiger Ansicht sein;' diese Uebertragung ist im Lateinischen ebenso alltäglich wie der entsprechende bildliche Gebrauch des Wortes 'irren' bei uns. — I, 711: 'magno opere a vero longe derrasse videntur.' — III, 463: 'morbis in corporis avius errat saepe animus.' — III, 672: 'si tanto operest animi mutata potestas ..., non, ut opinor, id a leto iam longiter errat.'

Exordium.*

II, 1062. I, 149: 'principium hinc nobis exordium sumet.' Vgl. c. I.

Expedire, impedire.

V, 76/77: 'praeterea solis cursus lunaeque meatus expediam.' Mit den Worten: 'nunc age, expediam,' oder bloss: 'expediam' macht Lucrez den Uebergang zu einem neuen Abschnitt; dafür sagt er an anderen Stellen auch: 'nunc age, percipe:' II, 64 ff.; 183. IV, 630 ff.; 926 ff. V, 113. VI, 245. 497. 641. 682. 739. 1091. IV, 1140: 'difficile est ... validos Veneris perrumpere nodos; et tamen implicitus quoque possis inque peditus effugere infestum.' Vgl. c. I. — Lucil. fr. 753: 'sic laqueis manicis pedicis mens indupedita est;' diese Stelle liefert den schlagendsten Beweis, wie sehr schon damals die Etymologie des Wortes indupedire, der Zusammenhang desselben mit 'pes' vergessen war. Plaut. mil. glor. IV, 9, 11: 'ipsus illic sese iam impedivit in plagas.' Trin. II, 1. 10: 'omnium primum amoris artis eloquar, quemadmodum sese expediant.' — Ter. Andr. III, 5. 10/11: miserum impeditum. At iam expediam.' Ad. IV, 6.

Exultare.

III, 140: consilium ... situm media regione in pectoris haeret. hic exultat enim pavor ac metus.'

Fatigare.
IV, 1231: 'nequiquam divom numen sortisque fatigant.' Vgl. Hor. c. I, 2. 26 ff.: 'prece qua fatigent virgines sanctae minus audientem carmina Vestam.' — Lucr. II, 1168/1169. — III, 823: 'id quod eam ... curis fatigat.' — Eine Steigerung dieser bildlichen Vorstellung ist es, wenn Horaz c. II, 17. 1 sagt: 'cur me querelis exanimas tuis.'

Fatisci.
III, 458: 'simul aevo fessa fatisci' (sc. animai natura).

Fax.*
III, 303: 'irai fax.'

Ferire.
IV, 1045: 'sive puer membris muliebribus hunc iaculatur seu mulier toto iactans e corpore amorem, unde feritur, eo tendit, gestitque coire.'

Fervescere, effervescere.
III, 288: 'in ira cum fervescit' (animus). — III, 294: illis, quibus acria corda iracundaque mens facile effervescit in ira.' V, 1332: 'si quos ante domi domitos satis esse putabant, effervescere cernebant in rebus agundis.' (Vgl. c. I).

Fessus.
Siehe fatisci und c. I.

[Figere], adfigere, perfigere.
IV, 1129/1130: 'aut quod in ambiguo verbum iaculata reliquit, quod cupido adfixum cordi vivescit ut ignis.' Auch wir sagen: 'ein Wort haftet im Herzen.' II, 360: 'desiderio perfixa iuvenci.' Das Bild ist hergenommen von den sagittae Cupidinis oder Amoris (S. sagitta). Wir können es kaum wörtlich wiedergeben; 'verwundet' käme wohl dem lateinischen Bild am nächsten.

Fingere, adfingere.
Schon Plautus wendet diese Worte ebenso oft in bildlichem Sinne, wie in seiner Grundbedeutung an. Bei Terenz finden sich dieselben achtmal als Metapher, nur einmal in ihrer ursprünglichen Bedeutung. Auch bei Lucrez überwiegt der metaphorische Gebrauch. II, 244/245: 'ne fingere motus obliquos videamur.' V, 3/4; 905 u. ö. — IV, 384: 'proinde animi vitium hoc oculis adfingere noli.' V, 164/165.

Finis.

III, 60: 'transcendere fines iuris.' — VI, 25. — V, 309: 'nec sanctum numen fati protollere finis posse.'

Firmare, adfirmare, confirmare.

VI, 917: 'hoc genus in rebus firmandumst multa prius quam ipsius rei rationem reddere possis.' — VI, 936 ff. Adfirmare und confirmare hat häufig die Bedeutung von 'behaupten.' IV, 580 ff.; II, 179. 185. IV, 112. VI, 996.

Flagellum.

III, 1016: 'mens sibi, conscia factis, praemetuens adhibet stimulos terretque flagellis.' ·

Flagrare.

IV, 1157: 'flagrans, odiosa, loquacula, Lampadium fit.' Vgl. c. I.

Flamma.

IV, 1078: 'in eo spes est, unde est ardoris origo, restingui quoque posse ab eodem corpore flammam' (sc. amoris). — Vgl. Cat. LXI, 172: 'ille non minus ac tibi pectore uritur intimo flamma.' — Plaut. Asin. V, 2. 69: 'ex amore tantumst homini incendium.' Dass uns diese Bilder ebenso geläufig sind, wie sie es dem Lateiner waren, braucht kaum noch erwähnt zu werden.

[Flare], conflare.

III, 385: 'conflatur ... accensus nobis per viscera sensus.' Diese Metapher findet eine Erläuterung in dem Vergleich, den wir IV, 922 ff. lesen: 'quippe, ubi nulla latens animai pars remaneret in membris, cinere ut multa latet obrutus ignis, unde reconflari sensus per membra repente posset, ut ex igni caeco consurgere flamma?' Vgl. c. I.

[Fligere], confligere.*

VI, 373: 'hic quoque confligunt hiemes aestatibus acres.' Vgl. pugnare c. I.

Florere.

III, 1006: 'aevo florente puellae.' V, 1072. — I, 124/125: 'unde sibi exortam semper florentis Homeri commemorat speciem lacrimas effundere salsas coepisse.'

Flos.

I, 564. III, 768. V, 844. IV, 1097: 'flore fruuntur aetatis.' Dieses Bild ist vielen Völkern gemein. Englisch: 'to bloom,' französisch: 'il est à la fleur de son âge.' 'Blühendes Alter.'

Fluctuare.
IV, 1068: 'etenim potiundi tempore in ipso fluctuat incertis erroribus ardor amantum.' Plautus, Truc. I, 2. 96: 'nae ut aestu fluctuamur' (sc. cupiditatis).

Fluctus.
III, 298: 'nec capere irarum fluctus in pectore possunt.' — V, 10: 'qui per artem fluctibus e tantis vitam tantisque tenebris in tam tranquilla et tam clara luce locavit.' — VI, 34: 'curarum ... fluctus.' Auch dem Deutschen ist dieses Bild nicht fremd.

Fluere.
Lucrez wendet weder fluere noch seine Composita bildlich auf Abstracta an. Es mag bemerkt werden, dass sich bei Epicur (epist. ad Pythocl. 87) καταρρέω in metaphorischer Uebertragung auf Abstractes findet: 'ἐπὶ δὲ τὸν μῦθον καταρρεῖ.'

Fluitare.*
III, 1050: 'animi incerto fluitans errore vagares.' Vgl. c. I.

Fons.
Plautus, Truc II, 7. 50: 'fons viti et peiiuri.' — Lucrez III, 82: 'obliti fontem curarum hunc esse timorem' = 'Quelle der Sorgen' — Horaz führt das Bild durch mehrere Satzteile in anschaulicher Weise durch; c. III, 6. 19/20: 'hoc fonte derivata clades in patriam populumque fluxit.' Vgl. c. I.

Frangere, effringere.
II, 1131/1132: 'inde minutatim vires et robur adultum frangit ... aetas;' wir können im Deutschen bei Uebertragung dieses Gedankens das gleiche Bild anwenden. II, 1150: 'iam adeo fracta est aetas.' — V, 1015: 'pueri parentum blanditiis facile ingenium fregere superbum = haben gebrochen.' — IV, 1075: 'leviter poenas frangit Venus inter amorem.' — I, 70/71: 'inritat animi virtutem, effringere ut arta naturae primus portarum claustra cupiret'; ein besonderes anschauliches Bild, hergenommen von der Erstürmung einer Stadt; Lucrez liebt es Epicur einem Kriegshelden zu vergleichen. Siehe porta u. occurrere.

[Frenare], refrenare.
Vgl. c. I. — II, 276: 'donec eam (materiem) refrenavit per membra voluntas.' II. 1122. — IV, 1077: 'blanda refrenat morsus admixta voluptas.' V, 114: 'religione refrenatus.' — Vgl. Hor. c. III, 24. 29: 'refrenare licentiam.'

Fretus.*
VI, 364: 'fretus ipse anni.' Eine Erläuterung findet diese Metapher durch VI, 374: 'hic quoque confligunt hiemes aestatibus acres. propterea freta sunt haec anni nominitanda.'
Frigidus.
IV, 1052: 'frigida cura.' Vgl. Liv. Andron. fr. 17: 'igitur demum Ulixi frixit prae pavore cor et genu.' — Lucrez III, 927: 'frigida pausa vitae.'
Frui.
II, 18, 19: 'menti' fruatur iucundo sensu.' — II, 647: 'inmortali aevo ... fruatur.' III, 556 ff. — Vgl. Epic. epist. ad Menoec. D. L. 126: 'χρόνον οὐ τὸν μήκιστον ἀλλὰ τὸν ἥδιστον καρπίζεται.' S. c. I.

Fugere, confugere, diffugere, effugere, profugere, suffugere.
Alle diese Worte werden im Lateinischen ebenso wie das griechische φεύγειν, φυγή, das deutsche 'fliehen, entfliehen, Flucht' von alters her häufig metaphorisch gebraucht. Plaut. Amph. I, 1. 230: 'fugit ratio te.' Ter. Andr. IV, 4. 27: 'semper fugi has nuptias.' — Lucr. II, 926: 'quod fugimus ante, ... scire licet gigni posse ex non sensibu' sensus.' — III, 763: 'scilicet in tenero tenerascere corpore mentem confugient' = 'sie gebrauchen die Ausflucht.' III, 16: 'diffugiunt animi terrores.' Vgl. Hor. c. I. 18. 4: 'diffugiunt sollicitudines.' — Lucr. II, 44, 45: 'religiones effugiunt animo.' IV, 820/821: 'illud in his rebus, vitium vementer avemus te effugere.' Vgl. Hor. c. II, 4. 22: 'fuge suspicari.' — Lucr. III, 715: (anima) 'sinceris membris ablata profugit.' — V, 148: 'tenuis natura deum ... manuum tactum suffugit et ictum.'

Fugitare.*
I, 658: 'fugitant in rebus inane relinquere purum;' im Deutschen fehlt uns ein entsprechendes Bild.

Fundamentum.
IV, 503: 'convellere tota fundamenta, quibus nixatur vita salusque.' — V, 1118: 'at claros homines voluerunt se atque potentes, ut fundamento stabili fortuna maneret.' — Vgl. c. I.

Fundatus.
I, 423: 'fides fundata' = 'ein fest begründeter Glaube.'

Fundere, confundere, diffundere.
I, 39/40: 'suavis ex ore loquellas funde.' IV, 582: 'dulcisque

querellas, tibia quas fundit digitis pulsata canentum.' — IV, 587: 'fistula silvestrem ne cesset fundere musam.' V, 1382. — V, 110: 'qua prius adgrediar quam de re fundere fata sanctius quam Pythia.' Die Fülle und der liebliche Fluss der Töne oder Rede wird durch fundere in den angeführten Beispielen ausgedrückt. — Καταχέω in bildlicher Anwendung zur Bezeichnung der Fülle finden wir Philodemus de victu deorum V. H.¹ VI, c. 14 (Us. Epic.): 'καὶ τῆς πρὸς τοὺς ὁμοίον [ς] τοῖς σπουδαίω [ις] κοινολογίας ἄγαιον ἡδονὴν καταχεούσης. — II, 946: 'animi pergit confundere sensus.' Vgl. c. I a. Schl. III, 437: 'crede animam quoque diffundi.' Epic. sentent. select. D. L. 149: 'οἱ παρὰ τὴν ἑαυτῶν φύσιν διαχέονται' (sc. αἱ ἐπιθυμίαι) Vgl. c. I.

Gelidus.*
III, 305: 'gelidis torpet telis perfixa pavoris' S. frigidus und c. I.

Gliscere.*
V, 1059: 'cum metus aut dolor est et cum iam gaudia gliscunt.' S. Plaut. Capt. III, 4, 26: 'gliscit rabies.'

[Gradi], adgredi, progredi.
Vgl. c. I. — VI, 940: 'qua de re adgredior.' — VI, 979 ff. — V, 110 ff. Ter. Andr. IV, 1. 46: 'haec non successit, alia adgrediamur via.' V, 1449: 'carmina, picturas et daedala signa polire, usus et impigrae simul experientia mentis paulatim docuit pedetemtim progredientis.' — V, 533: 'e quibus una tamen siet hic quoque causa necessest, quae vegeat motum signis: sed quae sit earum praecipere hautquaquamst pedetemtim progredientis.' Das 'pedetemtim progredi' bezeichnet in trefflicher Weise das vorsichtige, tastende Vorwärtsschreiten auf einem Gebiete der Erkenntnis, das nach des Dichters Ansicht nie völlig erschlossen werden kann. Das Schwankende, die Ungewissheit, welche uns überall da entgegentritt, wo Lucrez von der Erklärung solcher Erscheinungen spricht, deren letzte Ursachen sich der Sinneswahrnehmung entziehen, tritt uns in diesem Bild in drastischer Weise entgegen. In solchen Fällen liebt es Lucrez gleich seinem Meister Epikur eine Reihe möglicher oder wahrscheinlicher Gründe anzuführen und überlässt es ohne weiteres dem Leser, selbst die Wahl zu treffen. Epic. epist. ad Herod. D. L. 35: 'τοὺς προβεβηκότας (= Fortgeschrittenen) δὲ ἱκανῶς ἐν τῇ τῶν ὅλων ἐπιβλέψει.' — a. l. 'βαδιστέον μὲν οὖν καὶ ἐπ' ἐκεῖνα συνεχῶς.'

Gubernare.
V, 76/77: 'solis cursus lunaeque meatus expediam, qua vi flectat natura gubernans.' Plutarch. de defect. oracul. 19 p. 420ᵇ (Us. Epic.): 'ἡμεῖς δὲ τὴν ἀπειρίαν μῦθον εἶναί φαμεν, ἐν κόσμοις τοσούτοις μηδένα λόγῳ θείῳ κυβερνώμενον ἔχουσαν. — V, 107; 560: 'vis animi, quae membra gubernat.' Vgl. Ter. Hec. III, 1. 31: 'qui eos gubernat animus infirmum gerunt.' — V, 1115: 'vera vitam ratione gubernet.' Vgl. fluctus. — V, 1238: 'viris divum, quae cuncta gubernant.' I, 21. V, 401 ff. — Soph. Ai. 34 ff.: 'πάντα γὰρ τά τ' οὖν πάρος τά τ' εἰσέπειτα σῇ κυβερνῶμαι χερί.'
Gustare.
V, 179: 'qui numquam vero vitae gustavit amorem.' Auch Plautus wendet gustare metaphorisch an. (Most. V, 1, 19). Cicero de nat. deor. I, 8, 20: 'primis ut dicitur labris gustare physiologiam.' Das Vorbild hiezu haben wir bei Epic. ep. ad Pythocl. D. L. 85: 'τοῖς νεωστὶ φυσιολογίας γνήσιον γενομένοις.'
Gutta.
IV, 1051: 'primum Veneris dulcedinis in cor stillavit gutta.'
Haerere, adhaerere.
III, 613: 'mens ... certis regionibu' pectoris haeret.' Vgl. c. I. IV, 959: 'quo quisque fere studio devinctus adhaeret.'
Hebes.
IV, 47: 'id licet hinc quamvis hebeti cognoscere corde.' V, 879.
Hiare, inhiare.*
III, 1081: 'post aliud, cum contigit illud, avemus, et sitis aequa tenet vitai semper hiantis.' I, 36: 'pascit amore avidos, inhians in te, dea, visus.' Sehr häufig drückt Plautus durch inhiare das eifrige Verlangen nach etwas aus. Aul. II, 2. 17: 'inhiat aurum.' Vgl. Mil. III, 1. 20. Aul. II, 2. 88/89. Truc. II, 3. 18. Stich. II, 2. 25. Mil. IV, 4. 62. Hor. sat. I, 1. 71.
Jacere, conicere, eicere, intericere, proicere, reicere.
IV, 1199: 'iacere in fraudem.' II, 121: 'conicere ut possis ex hoc.' III, 875: 'nec radicitus e vita se tollit et eicit.' — III, 858: 'inter enim iectast vitai pausa.' V, 892: 'quae neque florescunt pariter nec robora sumunt corporibus neque proiciunt aetate senecta.' — VI, 80: 'quam (sc. vitam) utja nobis ratio longe reiciat, multa a me sunt profecta.' Epic. sent. sel. D. L. 147: 'εἰ τιν' ἐκβαλεῖς ἁπλῶς αἴσθησιν. — 'ὥστε τὸ κριτήριον ἅπαν ἐκβαλεῖς.' Vgl. Diog. Laert. 87 u. c. I.

Jacere.

III, 990: 'Tityos ..., in amore iacentem quem volucres lacerant.' Die Hilflosigkeit des von einer stärkeren Macht Bezwungenen wird hier durch iacere ausgedrückt. V, 170: 'in tenebris vita ac merore iacebat = lag gefangen.' IV, 763: 'meminisse iacet languetque sopore' = 'liegt darnieder.' V, 1004: 'improba navigii ratio tum caeca iacebat.' V, 1271: 'tum fuit in pretio magis aes, aurumque iacebat propter inutilitatem ..., nunc iacet aes.' In beiden Fällen bezeichnet iacere das unbeachtete Daliegen einer Sache, deren Wert man nicht kennt oder nicht schätzt. V, 1134: 'subversa iacebat pristina maiestas.' Die 'pristina maiestas liegt am Boden und wird von der Menge in entfesselter Leidenschaft mit Füssen getreten. Vgl. c. I.

Jactare.*

III, 504: 'haec igitur tantis ubi morbis corpore in ipso iactentur.' IV, 1046: 'mulier toto iactans e corpore amorem.' Vgl. c. I.

Jactus.*

II, 1047: 'animi iactus liber, quo pervolet ipse.'

Jaculari.

IV, 1044: 'sic igitur Veneris qui telis accipit ictus, sive puer membris muliebribus hunc iaculatur seu mulier toto iactans e corpore amorem.' (Vgl. c. I).

Ignis.*

I, 473 ff.: 'Tyndaridis formae conflatus amore ignis, Alexandri Phrygio sub pectore gliscens.' Vgl. Hor. c. III, 7. 9—12. Catull. XLV, 15: 'ignis mollibus ardet in medullis.'

Inanis.

Plautus wendet dies Wort nur in seiner Grundbedeutung, Terenz überhaupt nur einmal und zwar metaphorisch an. Lucilius (sat. fr. 2): 'o quantum est in rebus inane.' Das griechische κενός wird von Epikur oft metaphorisch gebraucht, besonders in Verbindung mit δόξα. Diog. L. 87, 144, 149. — 149: 'κενοδοξία.' — 152: 'κεναί φωναί.' — 86: 'ἀξιώματα κενά.' — Lucr. V, 905: 'nixus in hoc uno novitatis nomine inani.'

Induere.*

IV, 814: 'nos in fraudem induimus frustraminis ipsi.'

Iniectus.

II, 739: 'in corpora ... animi iniectus.'

Insatiabilis.

III, 905: 'te ... insatiabiliter deflevimus.'

Ire, adire, exire, inire.

Die im Lateinischen sehr verbreitete, auch schon von den Schriftstellern der älteren Zeit angewendete Uebertragung dieser Begriffe auch auf Abstracta findet sich auch im Deutschen und Griechischen. Enn. ann. 1. XVI, fr. 296: 'aestatem autumnus sequitur, post acer hiems it.' Epic. ad Menoec. D. L. 122: '*παρεληλυθέναι τὴν ὥραν*'. Deutsch: 'Hin geht die Zeit.' Lucr. V, 741: 'autumnus adit.' III, 591: 'videtur ire anima ac toto solvi de corpore velle.' — V, 1227: 'divom pacem adit;' auch wir sagen: 'Einen um etwas angehen.' VI, 917: 'hoc genus in rebus firmandumst multa prius quam ipsius rei rationem reddere possis et nimium longis ambagibus est adeundum.' V, 830: 'aliut clarescit et e contemptibus exit.' III, 743: 'ex ineunte aevo.' I, 81: 'inpia te rationis inire elementa.' — IV, 994. — 1016: 'ad se redeunt.' V, 777. — Plaut. Capt. V, 4. 25: 'in memoriam redeo.' Vgl. c. I.

Iter.

I, 1107/1108: 'namque alid ex alio clarescet, nec tibi caeca nox iter eripiet.' V, 1121: 'ad summum succedere honorem certantes iter infestum fecere viai.' V, 1128. Vgl. c. I.

Labare.

III, 453: 'labat mens.'

Labi.

I, 637. II, 176: 'magno opere a vera lapsi ratione.' Vgl. c. I.

Languere.

IV, 1116: 'languent officia.' IV, 763: 'meminisse iacet languetque sopore.'

[Laniare], dilaniare.

III, 537: 'dilaniata foras dispargitur' (sc. anima).

Latus.

VI, 647: 'hisce tibi in rebus latest alteque videndum' = 'in die Breite und in die Tiefe dringen.'

[Legere], con(l)ligere.

II, 960: 'nam quare potius leti iam limine ab ipso ad vitam possit conlecta mente reverti.' I, 723: 'colligere iras.' III, 923: 'correptus homo ex somno se colligit ipse.'

Libare.
Die Grundbedeutung dieses Wortes ist: 'etwas Weniges von einer Sache wegnehmen.' III, 213: 'nil ibi libatum de toto' und V, 260: 'terra tibi libatur' sind daher nicht, wie Spangenberg annimmt, Metaphern. — III, 1085: 'nec prorsum vitam ducendo deminus hilum tempore de mortis nec delibare valemus.' — III, 23/24: 'neque ulla res animi pacem delibat tempore in ullo.' VI. 70: 'delibata deum per te ... numina sancta' übersetzt Spangenberg nicht gut mit 'die geschmälerten Götter:' wir sagen wohl 'einen in seinem Recht schmälern' und ähnliches, nicht aber ohne Zusatz 'einen schmälern.'
Liqui.*
II, 1131: 'inde minutatim vires et robur adultum frangit et in partem priorem liquitur aetas.' Vgl. c. I.
Liquidus.
S. c. I. — III, 40: 'voluptatem liquidam puramque;' ein doppeltes Bild aus der nämlichen Begriffssphäre. 'Pura voluptas' ein reines Vergnügen, klar wie ein durch nichts getrübtes Wasser. 'Liquida voluptas' ein Vergnügen, das wie ein sanft dahinfliessender Bach durch nichts gestört wird; es tritt ihm kein Hindernis in den Weg. Die nämliche Vorstellung liegt der Metapher bei Terenz, Andr. IV, 3. 13 zu Grunde: 'quia, si forte opus sit ad erum iurato mihi non adposisse, ut liquido possim.'
[Lucere], elucere.
II, 1050: 'docui res ipsaque per se vociferatur, et elucet natura profundi.'
[Lucescere], dilucescere.
V, 170: 'at, credo, in tenebris vita ac merore iacebat, donec diluxit rerum genitalis origo.'
Lucidus.*
I, 933/934: 'obscura de re tam lucida pango carmina.' IV, 8/9.
Luctare.
Vgl. iter.
Ludere.
IV, 1093: 'sic in amore Venus simulacris ludit amantis.' Vgl. Ter. Andr. IV, 4. 48: 'non te credas Davom ludere.'
Lumen.
I, 1109: 'ita res accendent lumina rebus.' I, 143/144: 'quo carmine demum clara tuae possim praepandere lumina menti.'

III, 1/2: 'e tenebris tantis tam clarum extollere lumen qui primus potuisti inlustrans commoda vitae.' Man beachte das nach allen Seiten durchgearbeitete Bild.

[Lustrare], illustrare siehe lumen.

Lux.

IV, 1180: 'quoniam tu animo tamen omnia possis protrahere in lucem.' V, 11/12. Vgl. c. I.

Macerare.*

Von Plautus und Terenz wird macerare häufig bildlich angewendet. Plaut. Capt. III, 4. 22: 'iste morbus homines macerat.' — V, 1, 7: 'cura et lacrumis macerari.' — Ter. Andr. IV, 2. 2: 'modo tu noli te macerare.' — ibid. V, 3. 13: 'quor me macero.' — Lucr. III, 74/75: 'consimili ratione ab eodem saepe timore macerat invidia.' III, 823 ff. — Hor. c. I, 13. 7, 8: 'arguens quam lentis penitus macerer ignibus.'

Mactare.*

VI, 1239: 'incuria mactans.'

Maculare.

Lucil. sat. fr. 645: 'Apollost numen, qui te antiquis non sinet deliciis maculam imponere.' — Lucr. V, 1149: 'inde metus maculat poenarum praemia vitae.'

Madere.*

III, 477: 'madet mens (sc. vinolenti). IV, 790: 'arte madent simulacra et docta vagantur.' — Hor. c. III, 21. 9/10: 'quamquam Socraticis madet (= trieft) sermonibus.'

Manare, emanare, permanare.

III, 584: 'foras manante anima.' III, 703/704; III, 580/581: 'quid dubitas, quin ex imo penitusque coorta emanarit uti fumus diffusa animae vis.' III, 696. S. fluere u. c. I.

Maturus.

V, 806: 'tempore maturo.' III, 1037: 'matura vetustas.' Vgl. c. I.

Membrum.

III, 715: 'sinceris membris ablata profugit.' (sc. anima). Vgl. c. I.

Mergere,* emergere.

III, 827: 'in nigras lethargi mergitur undas.' (sc. animus). — Catull LXVIII, 13: 'qui merser fortunae fluctibus ipse.' — Lucr. III, 63:

'ad summas emergere opes.' Ter. Andr. III, 3. 30: 'ex illis malis sese emersurum.' III, 2, 13.

Mico.

III, 289: 'ex oculis micat acribus ardor.'

Mittere, praetermittere.

VI, 1054: 'illud in his rebus mitte.' II, 1028/1029; IV, 469, 1143: 'praetermittas animi vitia omnia.' — IV, 1180 ff. Vgl. c. I. Ter. Adelph. V, 4. 5: 'vitam duram mitte.'

Molliri.

II, 604/605: 'quamvis effera proles officiis debet molliri victa parentum.'

Monimentum.

V, 329: 'facta ... aeternis famae monimentis insita.'

[Mordere], remordere.

III, 825: 'praeteritisque male admissis peccata remordent (sc. animam).' IV, 1127: 'cum conscius ipse animus se forte remordet desidiose agere aetatem lustrisque perire.' — Lucil. sat. fr. 760: 'quanto blandior haec, tanto vehementius mordet.'

Morsus.

IV, 1077: 'blanda refrenat morsus admixta voluptas' (sc. amoris).

Movere, removere, semovere.

IV, 720: 'nunc age, quae moveant animum res accipe.' IV, 752. VI, 853: 'quod nimis a verast longe ratione remotum.' V, 148/149. I, 50/51: 'animumque sagacem semotum a curis.' — II, 19, 646 ff. Vgl. Ter. Andr. II, 1. 7: 'amorem ex animo amoveas.'

Mulceo, permulceo.

III, 141/142: 'haec loca circum laetitiae mulcent.' V, 1388: 'haec animos ollis mulcebant.' V, 1314: 'nec poterant equites fremitu perterrita equorum pectora mulcere.' (Vgl. c. I.) V, 21: 'dulcia permulcent animos solacia vitae.'

Munire.*

IV, 1248: 'gnatis munire senectam.' — II, 7/8: 'sed nil dulcius est bene quam munita tenere edita doctrina sapientum templa serena.' Ich halte das weder für einen Vergleich, da das Vergleichungswort fehlt, noch für eine Allegorie, da bildliche und unbildliche Ausdrücke gemischt sind. Es ist eine der schönen durch den ganzen Satz durchgeführten Metaphern, wie wir sie bei Lucrez so häufig finden. Vgl. Hor. c. III, 28. 4: 'munitaeque adhibe vim sapientiae.'

Mutus.

IV, 1049: 'namque voluptatem praesagit muta cupido.' — II, 625: 'munificat tacita mortalis muta salute.'

Nare, enare.

Vgl. c. I. — III, 586 ff.: 'ut noscere possis, dispertitam animae naturam exisse per artus, et prius esse sibi distractam corpore in ipso, quam prolapsa foras enaret in aëris auras.' Vgl. manare.

Nasci, innasci.

Vgl. c. I. — II, 286: 'unde haec est nobis innata potestas.' Ter., Andr. IV, 1. 2: 'tanta vecordia innata quoiquam ut siet.' — Epic. ad Menoec. D. L. 129: 'ταύτην (sc. τὴν ἡδονὴν) γὰρ ἀγαθὸν πρῶτον καὶ συγγενικὸν ἔγνωμεν.' 129: 'σύμφυτον.' 132.

Nectere, adnectere, conectere.

V, 1200: 'votis nectere vota.' — III, 691: 'neque tanto opere adnecti potuisse (animas) putandumst corporibus nostris extrinsecus insinuatas.' II, 478 ff. — 522: 'quod quoniam docui, pergam conectere rem, quae ex hoc apta fidem ducat.' Vgl. c. I. Προσάπτειν, συνάπτειν, ἐφάπτειν im bildl. Sinne siehe Epic. D. L. 88, 97, 123, 124.

Niti.

II, 12/13: 'niti praestante labore ad summas emergere opes.' ·
V, 309/310. 906: 'nixus in hoc uno novitatis nomine inani.'

Nodus.*

I, 391/392. IV, 6/7: 'artis religionum animum nodis exsolvere.'
II, 950: 'vitalis animae nodos.' — V, 685/686: 'donec (sol) ad id signum caeli pervenit, ubi anni nodus nocturnas exaequat lucibus umbras.'

Nox.*

I, 1108: 'alid ex alio clarescet, nec tibi caeca nox iter eripiet.' Diese Stelle dürfte zu den Allegorieen zu zählen sein.

Oculus.

I, 66/67: 'Graius homo· mortalis tendere contra est oculos ausus.'

[Olescere], adolescere.*

V, 1222: 'nequid ob admissum foede dictumve superbe poenarum grave sit solvendi tempus adultum.'

Os.
IV, 171. — VI, 254: 'atrae formidinis ora.'
Pabulum.
IV, 1055: 'pabula amoris absterrere sibi.' Es sind hier zwei Bilder (pabula — absterrere) vermengt. Folgerichtiger sagen wir: 'Der Verliebtheit nicht neue Nahrung zuführen.'
Palare.
II, 10: 'viam palantis quaerere vitae.'
Pandere, expandere, praepandere.
Vgl. c. I. — I, 55: 'rerum primordia pandam.' — I, 126: 'rerum naturam expandere dictis.' — I, 143: 'quo carmine demum clara tuae possim praepandere lumina menti.'
Pangere.*
I, 933/934. — IV, 8/9: 'quod obscura de re tam lucida pango carmina.' I, 24/25. — Enn. ann. l. VIII, fr. 206: 'tibia musarum pangit melos.' — S. c. I.
Parere.*
Ter. Andr. I, 1.41: 'obsequium amicos, veritas odium parit.' V, 5. 4: 'mi immortalitas partast.' Lucrez V, 334: 'organici melicos peperere sonores.' — I, 83: 'religio peperit scelerosa atque impia facta.' — V, 1303: 'sic alid ex alio peperit discordia tristis.' S. c. I.
Partus.
II, 931: 'quod si forte aliquis dicet, dumtaxat, oriri posse ex non sensu sensum mutabilitate, aut aliquo tamquam partu quod proditur extra.' S. c. I.
Pascere, depasci.*
III, 1001: 'animi ingratam naturam pascere semper.' III, 12: 'omnia nos itidem depascimur aurea dicta.' Vgl. c. I.
Patefieri.
VI, 998: 'omnis causa patefiet, quae ferri pelliciat vim.'
Patescere.
V, 612: 'nec ratio solis simplex reclusa patescit.'
Pax.
VI, 78: 'animi tranquilla pace.' S. c. I.
Pedetemtim: Siehe progredi.
Pellere, impellere, expellere, repellere.
S. c. I. IV, 522: 'Principio auditur sonus et vox omnis, in auris insinuata suo pepulere ubi corpore sensum.' IV, 525: 'im-

pellere sensus.' Vgl. Ter. Andr. II, 6. 15: 'animum adpulit;' ibid. I, 5. 31: 'animus impellitur.' — Lucr. V, 49: 'haec igitur qui cuncta subegerit ex animoque expulerit dictis, non armis.' — Enn. ann. l. VIII, fr. 187: 'pellitur e medio sapientia.' — Lucr. I, 880: 'quod tamen a vera longe ratione repulsumst.' — Epic. ad. Menoec. D. L. 132: 'νήφων λογισμὸς καὶ τὰς αἰτίας ἐξερευνῶν πάσης αἱρέσεως καὶ φυγῆς καὶ τὰς δόξας ἐξελαύνων, ἐξ ὧν πλεῖστος τὰς ψυχὰς καταλαμβάνει θόρυβος.'

Pendere, perpendere.

V, 118: 'poenas pendere.' VI, 1274: 'nec iam religio divom nec numina magni pendebantur enim.' S. c. I.—II, 1041: 'sed magis acri iudicio perpende' (= erwäge).

Pendere.

VI, 50/51: 'cetera quae fieri in terris caeloque tuentur mortales, pavidis cum pendent mentibu' saepe.' Vgl. Ter. Ad. II, 218: 'animus tibi pendet.'

Penetrare.*

V, 1260: 'tum penetrabat eos posse haec (sc. metalla) liquefacta calore quamlibet in formam et faciem decurrere rerum.'

Peragrare.*

I, 74: 'omne immensum peragravit mente animoque.' — II, 677. Ähnlich sagt Horaz c. I, 28. 6: 'animoque rotundum percurrisse polum morituro.'

Percellere.

I, 12. 13: (volucres) 'perculsae corda tua vi.' I, 259: 'nova proles ... lacte mero mentes perculsa novellas.' — Enn. ann. fr. 451: 'perculsi pectora Poeni.'

Perfugium.*

V, 1182 ff.: 'varia annorum cernebant tempora verti, nec poterant quibus id fieret cognoscere causis. ergo perfugium sibi habebant omnia divis tradere.' S. confugere.

Persectari.

II, 165/166: 'ignari materiai nec persectati primordia singula quaeque.'

Perversus.

Lucilius sat. fr. 622: 'haec est ratio perversa.' — Lucretius IV, 829: 'cetera de genere hoc inter quaecumque pretantur, omnia perversa praepostera sunt ratione.'

Pingere.*

V, 1393: 'praesertim cum tempestas ridebat et anni tempora pingebant viridantis floribus herbas.'

Pinniger,* V, 1073 s. calcar.

Placare.

V, 935: 'satis id placabat pectora donum.'

Plaga.*

IV, 1138: 'plagas in amoris ne iaciamur.' Vgl. Plaut. Trin. II, 1. 12: 'nunquam amor quemquam nisi cupidum postulat se hominem in plagas conicere.'

[Plecti], amplecti.

V, 727: 'proinde quasi id fieri nequeat quod pugnat uterque, aut minus hoc illo sit cur amplectier ausis.'

[Plere], complere, explere, replere.

Lucilius sat. fr. 150: 'qui credimus porro divitias ullas animum mi explere potisse.' — Ter. Andr. II, 2. 2: 'ut .... expleam animum gaudio.' Epic. sent. sel. D. L. 142: ἐκπληρουμένοις τῶν ἡδονῶν. Lucr. III, 1001/1002: 'animi ingratam naturam pascere semper, atque explere bonis rebus satiareque numquam.' Der bildliche Gebrauch dieser Worte ist ja auch uns so geläufig, dass wir uns kaum bewusst sind, eine Metapher anzuwenden, wenn wir z. B. sagen: 'etwas erfüllt mich mit Freude,' 'Streben nach Reichtum erfüllt sein Herz' etc. IV, 873: 'sic expletur ieiuna cupido.' IV, 1085: 'hoc facile expletur laticum frugumque cupido.' II, 1170: 'antiquum genus ... pietate repletum.' Vgl. c. I.

[Plicare], implicare.

IV, 1140: 'difficile est ... validos Veneris perrumpere nodos: et tamen implicitus quoque possis inque peditus effugere infestum.'

Polire, expolire.

VI, 83: 'politis versibus.' III, 307: 'doctrina politos.' V, 332: 'quare etiam quaedam nunc artes expoliuntur.'

Pondus.

III, 1051: 'si possent homines, proinde ac sentire videntur pondus inesse animo, quod se gravitate fatiget, e quibus id fiat causis quoque noscere et unde tanta mali tamquam moles in pectore constet, haut ita vitam agerent.'

Ponere, componere, disponere, exponere, praeponere, proponere.

V, 418: 'ex ordine ponam' = darstellen. V, 526: 'quid in

hoc mundo sit eorum ponere certum difficile est.' V, 620.—1001: 'minas ponebat inanis.' IV, 963: 'componere leges.' III, 785: 'certum ac dispositumst, ubi quicquid crescat et insit.' III, 794. V, 131.—529: 'plurisque sequor disponere causas.' III, 419 ff. I, 732: 'carmina..... exponunt praeclara reperta.' I, 833. 945 ff. IV, 21. —VI, 996/997: 'bene ubi haec confirmata atque locata omnia constiterint nobis praeposta parata, quod superest, facile hinc ratio reddetur.' III, 182: 'nil adeo fieri celeri ratione videtur, quam sibi mens fieri proponit et inchoat ipsa.' — III, 622 ff. — Enn. ann. l. VIII fr. 191: 'non enim rumores ponebat ante salutem.' Auch bei uns ist der metaphorische Gebrauch dieser Worte äusserst gewöhnlich; ich erinnere an 'stellen, anstellen, verstellen, vorstellen, einstellen, Vorstellung, Anstellung, Verstellung.' Bei einigen dieser Worte ist geradezu der bildliche Begriff uns geläufiger als der ursprüngliche, oder sie werden wie 'Bestellung' nur in übertragener Bedeutung verwendet.

Porta: siehe occurrere.

Portare, adportare.

Vgl. c. I.—V, 100: 'ut fit ubi insolitam rem adportes auribus.' V, 220: 'anni tempora morbos adportant.'

Praemium.

III, 897: 'praemia vitae.' III, 954. V, 1149.

Premere, deprimere, exprimere, opprimere.

VI, 52/53: 'haec faciunt animos humilis formidine divom depressosque premunt ad terram.' V, 1027: 'utilitas expressit nomina rerum.' II, 505: 'et cycnaea mele Phoebeaque daedala chordis carmina consimili ratione oppressa silerent.' Vgl. c. I.

[Promere], expromere.

II, 887: 'varios sensus expromere.'

Prendere, reprehendere.

IV, 1134: 'in adverso vero atque inopi(amore mala) sunt, prendere quae possis oculorum lumine operto,' 'mit verbundenen Augen greifen.' — III, 857: memori mente reprehendere aliquid.

Proclivis.

II, 792: 'quippe etenim multo proclivius exorientur candida de nullo, quam nigro nata colore.' III, 311. — Ter., Andr. I, 1. 50/51: ingeniumst hominum proclive ad lubidinem.

Proelium.

V, 43/44: 'nisi purgatumst pectus, quae proelia nobis atque

pericula tumst ingratis insinuandum.' — Plaut. Pers. 24 (Graupner): 'in Veneris proelio.'

Proficiscor.

VI, 80/81: 'quam quidem ut a nobis ratio verissima longe reiciat, quamquam sunt a me multa profecta.'

Pugnare, repugnare.

II, 279: 'esse in pectore nostro quiddam quod contra pugnare obstareque possit.' II, 867 ff. V, 727: 'proinde quasi id fieri nequeat, uterque quod pugnat.' Vgl. c. I. — I, 693: 'contra sensus ab sensibus ipse repugnat.' IV, 1080: 'quod fieri contra totum natura repugnat.' III, 350 ff. Epic. ep. ad Pythocl. D. L. 98: 'οἱ δὲ τὸ ἓν λαμβάνοντες τοῖς τε φαινομένοις μάχονται.'

[Pulsare], repulsare.

IV, 910: 'ne retro vera repulsanti discedas pectore dicta.' S. c. I.

Purgare.

Ebenso wie unser 'reinigen' gebraucht. VI, 24/25: 'veridicis igitur purgavit pectora dictis.' Hor. sat. II, 3. 27: 'miror morbi purgatum te illius.'

Purus.

IV, 1067.—1073: 'pura voluptas' 'reines Vergnügen.' Epic. sent. sel. D. L. 143: 'ἀκεραίους τὰς ἡδονὰς ἀπολαμβάνειν.' — V, 18: 'at bene non poterat sine puro pectore vivi.' Ter. Ad. II, 1. 29: 'o hominem impurum.' Philodemus περὶ εὐσεβ. V. H.[2] II, 76, 1 p. 106. Gomp. (Usen. Epic.): 'καθαρὰς καὶ ἁ[γν]ὰς δόξας.'

[Quassare], conquassare.

III, 598: 'conquassatur enim tum mens animaeque potestas.'

[Quatere], concutere, discutere, incutere, percutere.

Vgl. c. I. — I, 146/147. II, 59 ff. III, 91 ff. — VI, 39: 'hunc igitur terrorem animi tenebrasque necessest non radii solis nec lucida tela diei discutiant.' — IV, 994: 'discussis ... erroribus.' — I, 19: 'incutiens blandum per pectora amorem.' I, 924. Enn. ann. fr. 393: dictis Romanis incutit iram. — I, 922: 'acri percussit thyrso laudis spes magna meum cor.' II, 886: 'tum porro quid id est, animum quod percutit.' V, 1221: 'regesque superbi corripiunt divum percussi membra timore.' — Ter. Andr. I, 1. 98: 'percussit ilico animum.'

[Radere], conradere.*
II, 400: 'multaque praeterea tibi possum commemorando argumenta fidem dictis conradere nostris.'
[Rapere], corripere.
Vgl. c. I. — V, 247: 'illud in his rebus ne corripuisse rearis me mihi, quod terram atque ignem mortalia sumpsi.'
Raptare.
IV, 1088: 'quae mentem spes raptat saepe misella.'
[Regere], erigere.
V, 1386 ff. 1452: 'sic unum quicquid paulatim protrahit aetas in medium ratioque in luminis erigit oras.' Das Substantivum ora bezeichnet bei Lucrez nur selten 'Küste', sondern viel öfter 'das abgegrenzte Gebiet'; neunmal lesen wir 'luminis oras', ebenso oft 'aetheris oder aetheriae orae'; VI, 763: 'Acheruntis in oras'. Eine entsprechende Metapher bei Epikur habe ich nicht gefunden. Einmal (IV, 132/133) begegnet uns bei Lucrez ora in seiner Grundbedeutung 'die äusseren Umrisse': 'speciem cuiusque modi formarum vertere in oras'.
Rete.*
IV, 1139: 'non ita difficile est quam captum retibus (amoris Netze der Liebe) ipsis exire.' Vgl. plaga, implicare.
Retinentia.
III, 673: 'retinentia rerum.' III, 849.
[Rivare], derivare.
II, 364: 'nec vitulorum aliae species per pabula laeta derivare queunt animum (vaccae) curaque levare.' — Ter. Phorm. II, 2. 9: 'in me omnem iram derivem senis.'
Ruere.
IV, 505: 'non modo enim ratio ruat omnis, vita quoque ipsa concidat extemplo.'
Ruinae!*
I, 740/741: 'principiis tamen in rerum fecere ruinas.'
Rumpere, erumpere, interrumpere.
II, 254: 'fati foedera rumpat' (S. c. l.) IV, 1107: 'ubi se erupit nervis conlecta cupido.' III, 849: 'interrupta semel cum sit retinentia nostri.'
Saepire, intersaepire.
Vgl. c. L. — IV, 945: 'inter enim saepit coetus natura viasque.'

Sagitta.
Plaut. Pers. I, 1. 23: 'sagitta cor Cupido meum transfixit.'
— Lucr. IV, 1270: 'nec divinitus interdum Venerisque sagittis deteriore fit ut forma muliercula ametur.'
Sal.*
IV, 1154: 'parvula, pumilio, chariton mia, tota merum sal.'
Satiare.
III, 1001/1002: 'animi ingratam naturam pascere semper, atque explere bonis rebus satiareque numquam.' IV, 1093/1094: 'sic in amore Venus simulacris ludit amantis, nec satiare queunt spectando corpora coram.' — Catull. LXVIII, 82: 'quam veniens hiemps noctibus in longis avidum saturasset amicum.'
Satias.
II, 1038: 'fessus satiate videndi.' Vgl. c. I. Ter. Hec. V, 2. 18/19: 'satias iam tenet studiorum istorum.'
Satur.
Ter. Adelph. V, 1. 3: 'omnium rerum satur.' — Lucr. III, 958: 'satur ac plenus rerum.' Ganz in gleicher Weise wenden wir die Worte: 'sättigen, Sättigung, satt' bildlich an.
Saucius.
Plaut. Pers. I, 1.24: 'saucius factus sum in Veneris proelio.'
— Lucr. IV, 1040: 'saucius amore' = 'liebeswund.'
Scandere.
II, 1124: 'gradus aetatis scandere adultae.'
Scindere,* discindere, rescindere.
V, 45: 'quantae tum scindunt hominem cuppedinis acres sollicitum curae.' III, 990 ff. V, 58: 'validas aevi rescindere leges.'
— Ter. Phorm. II, 4. 15/16: 'mihi non videtur quod sit factum, rescindi posse.' Lucrez III, 636: 'animi vis simul discissa cum corpore.'
Scruposus.
IV, 520: 'nunc alii sensus quo pacto quisque suam rem sentiat, haudquaquam ratio scruposa relicta est.'
Scrutor.
I, 830: 'nunc et Anaxagorae scrutemur homoeomerian.'
Secare.
III, 306: 'natura bonum secat interutraque cervos saevosque leones.'

[Sectari], persectari.
II, 165/166: 'ignari materiai nec persectati primordia singula quaeque.'

Sedere, insidere, residere.
S. c. I. — III, 916: 'aliae cuius desiderium insideat rei.' III, 398. V, 1423: 'quo magis in nobis, ut opinor, culpa resedit.'

Sepelire.*
II, 569: 'nec superare queunt motus itaque exitiales perpetuo neque in aeternum sepelire salutem.' S. c. I. Plaut. Mostell. V, 2. 1: 'ubi somnum sepelivi omnem.'

[Serere], disserere, inserere.
Serere und s. compp. werden im Lateinischen sehr häufig als Metaphern verwendet, sowohl von den Schriftstellern der älteren, wie der späteren Zeit, von Dichtern, wie von Prosaikern. Plaut. Epid. IV, 1. 30: 'in me aerumnam obsevisti gravem.' In kühner Weise: Plaut., Men. V, 2. 45: 'consitus sum senectute' ein Bild, dessen Wiedergabe uns unmöglich ist. Am alltäglichsten ist der bildliche Gebrauch von insitus. Lucr. V, 182: 'notities hominum dis unde est insita primum.' V, 1044 ff. — 1162/1163. Cicero, de nat. rer. I, 17: 'insitas deorum cognitiones.' — Horaz, c. IV, 4. 33: 'doctrina sed vim permovet insitam.' — Lucr. IV, 884: 'quae in corpore toto, per membra atque artus, animai dissita vis est.' III, 143.

Serpere.
I, 414/415: 'ut verear, ne tarda prius per membra senectus serpat.' S. c. I.

[Sidere], insidere.
Vgl. c. I. — III, 898 ff.: 'nec tibi carum iam desiderium rerum super insidet una.'

Sincerum.
III, 871: 'non sincerum sonere.'

[Signare], obsignare.
II, 581: 'illud in his obsignatum quoque rebus habere convenit.' S. c. I.

[Sinuare], insinuare.
Dies Wort gebraucht Lucrez stets, wenn er davon spricht, in welcher Weise die Seele in den Körper eingeschlossen sei. I, 113: 'nata sit (anima), an contra nascentibus insinuetur.' III, 668 ff. 689 ff. 720 ff. 727. 736. 778. 780. — V, 73/74*: 'quibus

ille modis divom metus insinuarit pectora.' I, 408 409*: 'poteris caecasque latebras insinuare omnis et verum protrahere inde.' V, 43/44*: 'at nisi purgatumst pectus, quae proelia nobis atque pericula tumst ingratis insinuandum.' S. c. I.

[Sistere], adsistere, desistere, obsistere.

Vgl. c. I. — IV, 972: 'cum iam destiterunt ea sensibus usurpare.' I, 66/67: 'Graius homo mortalis tendere contra est oculos ausus primusque obsistere contra.'

Solvere, dissolvere, exsolvere, resolvere.

Plautus gebraucht solvere nur in der Wendung 'eine Schuld einlösen' metaphorisch. Terenz bietet schon mannigfache Übertragungen des Wortes. Andr. IV, 1. 19: 'fidem solvisti.' Hec. II, 1. 33: 'ego vos curis solvi ceteris.' — Adelph. II, 1. 10: 'neque tu verbis solves umquam, quod mihi re male feceris.' — Lucr. II, 46 'pectus . . . cura solutum.' So Cicero, de nat. deor. I, 20: 'his terroribus ab Epicuro soluti.' Lucr. IV, 905. — III, 690: 'leti lege solutas' (animas non esse). — V, 1222: 'nequid ob admissum foede dictumve superbe poenarum grave sit solvendi tempus adultum?' — Catull. XXXVI, 2: 'votum solvite.' — Lucr. IV, 498: 'dissolvere causam' = 'den Grund einer Sache finden.' II, 381: 'perfacile est parili ratione exsolvere nobis, quare fulmineus multo penetralius ignis quam noster fuat.' — V, 770: 'qua fieri quicquid posset ratione resolvi.' Wie der Lateiner solvere und dessen compp., so gebraucht der Grieche λύειν mit seinen Compositis, der Deutsche 'lösen, auflösen, einlösen' in mannigfacher Weise bildlich. Auch unser ‚entwickeln' gehört hierher, während 'erlösen' die ursprüngliche Bedeutung ganz eingebüsst hat. Epic. ep. ad Herod. D. L. 82: 'ἡ δὲ ἀταραξία τῷ τούτων πάντων ἀπολελύσθαι καὶ συνεχῆ μνήμην ἔχειν τῶν ὅλων καὶ κυριωτάτων.' Vgl. 142: 'ἔλυε τοὺς φόβους τῆς διανοίας.' 145 u. ö.

[Spargere], conspergere.*

Vgl. c. I. II, 32/33: 'anni tempora conspergunt viridantis floribus herbas.' 'Das Frühjahr streut Blumen auf die Auen.'

[Specere], dispicere, perspicere, respicere.

VI, 647: 'hisce tibi in rebus latest alteque videndum et longe cunctas in partis dispiciendum.' — I, 949 ff.: 'perspicis omnem naturam rerum.' VI, 379 ff. — III, 852: 'nam cum respicias immensi temporis omne praeteritum spatium.' V, 1443 ff. III, 970: 'respice item quam nil ad nos ante acta vetustas temporis aeterni fuerit, quam nascimur ante.' Respicere ist im letzten Beispiel in anderer Weise bildlich gebraucht als im vorangehenden. Es entspricht dieser doppelte Gebrauch etwa unserem 'zurückblicken' und 'berücksichtigen.' Lucil. sat. fr. 558: 'prospiciendum ergo in senectam nunc ab adulescentia est.'

Spectare, respectare.

V, 955: 'nec commune bonum poterant spectare.' V, 973: 'taciti respectabant somnoque sepulti, dum rosea face sol inferret lumina caelo.' Vgl. c. I. Auch Terenz (Andria IV, 1. 22) wendet spectare metaphorisch an, jedoch in anderem Sinne als Lucrez im angeführten Beispiel: 'qui tuom animum ex animo spectavi meo.'

Speculum.

III, 970: 'respice item quam nil ad nos ante acta vetustas temporis aeterni fuerit, quam nascimur ante. hoc igitur speculum nobis natura futuri temporis exponit post mortem denique nostram.' — Ter. Ad. III, 3. 61: 'inspicere tamquam in speculum in vitas omnium.'

[Spuere], expuere, respuere.

II, 1040: 'desine quapropter novitate exterritus ipsa expuere ex animo rationem.' VI, 68/69: 'quae nisi respuis ex animo longeque remittis dis indigna putare.' Ter. Eun. III, 1. 16: 'quasi ubi illam expueret miseriam ex animo.' — Lucr. II, 911: Codd.: 'namque alios sensus membrorum respuit omnis.' Bernays: 'nam ratio sensus membrorum respuit omnis.' — Lachmann: 'nam alio sensus membrorum respicit omnis.' Ich folge Bernays' Conjectur, da sie mir sinnentsprechender als die Lachmanns scheint, und mindestens nicht gewagter als jene. Übrigens wird sie trefflich durch den sonstigen Gebrauch von respuere bei Lucrez gedeckt; Lucrez drückt mit diesem Worte aus, dass etwas mit einer gewissen Leidenschaftlichkeit als unwürdig, unwahr oder unangenehm zurückgewiesen wird.

[Stare], constare, obstare, praestare.

S. c. I. — V, 280: 'adsidue quoniam fluere omnia constat.' II, 279/280: 'tamen esse in pectore nostro quiddam, quod contra pugnare obstareque possit.' Ter. Andr. V, 4. 41: 'memoriam voluptati obstare.' — Epic. ep. ad Pythocl. D. L. 95: 'καὶ οὐθὲν ἐμποδοστατεῖ τῶν ἐν τοῖς μετεώροις φαινομένων.' — Lucr. V,

1177: 'fortunis ... praestare.' V, 1353: 'nam longe praestat in arte ... genus omne virile.'

Stertere.

Eine Allegorie ist wohl zu nennen: 'vigilans stertis, nec somnia cernere cessas.' (III, 1046).

Stimulare.

Stimulare findet sich sowohl bei Plautus als auch bei Terenz metaphorisch gebraucht. Plaut. Capt. III, 4. 66: 'larvae stimulant virum.' Ter. Heaut. II, 1. 11 : 'me amicae dicta stimulant.' Lucr. II, 620: 'Phrygio stimulat numero cava tibia mentis.' Vgl. c. I. Catull. LXIII, 4: 'stimulatus ibi furenti rabie.'

Stimulus.

IV, 1073/1074: 'quia non est pura voluptas et stimuli subsunt' III, 868 ff. III, 1015 ff. IV, 1207. VI, 603 ff. Nie gebraucht Lucrez stimulus im Sinne von unserem 'Ansporn = Antrieb.' Das tertium comparationis ist ihm lediglich der Schmerz, nicht dessen Zweck. Ähnlich wie Lucrez stimulus anwendet, finden wir bei Plautus aculeus in übertragener Bedeutung. Trin. IV, 2. 158: 'iam dudum meum ille pectus pungit aculeus.'

[Stringere], adstringere, restringere.

IV, 1179: 'adstrictosque esse in amore' 'verstrickt in der Liebe Banden.' V, 1063: (canes Molossi) 'longe alio sonitu rabie restricta minantur, et cum iam latrant et vocibus omnia complent.'

Subigere.

III, 1074: 'tanto opere in dubiis trepidare periclis quae mala nos subigit vitai tanta cupido?'

Sumere.

II, 347: 'quorum unum quidvis generatim sumere (= vornehmen) perge.'

Superare.

III, 1041 : 'Epicurus iit decurso lumine vitae, qui genus humanum ingenio superavit.'

Tangere, attingere.

I, 49. II, 651: (divum natura) 'nec bene promeritis capitur neque tangitur ira.' S. c. I. — III, 262: 'ut potero summatim attingere, tangam.' Lucil. sat. fr. 26: 'non tango, quod avarus homo est.' — Cic. d. n. deor. I, 9. 22: 'iste (labor) nec attingit deum, nec erat ullus.'

[Tegere], retegere.
  III, 20/30: 'quod sic natura tua vitam manifesta patens ex omni parte retecta est.'

Telum.
  IV, 1044: 'Veneris qui telis accipit ictus.' S. c. I.

Templum.
  V, 103: 'templaque mentis.'

Temptare.
  V, 1209: 'temptat enim dubiam mentem rationis egestas.'

Tendere, attendere, contendere.
  IV: 'unde feritur (sc. amore), eo tendit, gestitque coire.' V, 725 ff. VI. 25 ff.: 'exposuitque bonum summum ... atque viam monstravit, tramite parvo qua possemus ad id recto contendere cursu.' IV, 961: 'in ea ratione fuit contenta magis mens.' IV, 986. VI, 412: 'contendere = behaupten.' Mit keiner dieser Übertragungen deckt sich der metaphorische Gebrauch von συντείνω, welchen wir öfter in Epikurs Briefen und Sentenzen finden; συντείνω = sich auf etwas beziehen. So bei Epic. ep. ad. Her. D. L. 78: 'ὅσα συντείνει πρὸς τὴν εἰς τοῦτο ἀκρίβειαν.' — Lucr. VI, 920: 'quo magis attentas auris animumque reposco.' S. c. I. — Ter. Andr. II. 1. 3: 'animus in spe atque timore attentus.' — IV, 3. 18: 'consilium intenderam.'

Tenebrae.
  I, 146. II, 59. III, 91. VI, 39: 'animi tenebrae.' II, 15: 'qualibus in tenebris vitae.' II, 54. V, 170. III, 1. 2: 'e tenebris tantis tam clarum extollere lumen qui primus potuisti inlustrans commoda vitae.' III, 77. V, 11.

Tenere.
  II, 582: 'memori mandatum mente tenere.' Epic. ep. ad Pyth. D. L. 85: 'διὰ μνήμης ἔχων', 'im Gedächtnis halten.' Entsprechend unserem 'festhalten = nicht ausser Acht lassen' steht Epic. ep. ad. Herod. D. L. 63: 'κατέχειν.' S. auch D. L. 35. — Ebenso Lucr. II, 1173: (sator) 'nec tenet omnia paulatim tabescere.' III, 1068. I, 948: 'si tibi forte animum tali ratione tenere versibus in nostris possem.' IV, 23. — II, 718: 'ne forte putes animalia sola teneri legibus hisce.' Eine eigenartige Übertragung des Wortes tenere finden wir bei Terenz (Andr. II, 2. 12): 'rem tenes' = 'du hast's getroffen.'

Tenuis.

IV, 909: 'tu mihi da tenuis aures.' III, 448: 'animi sequitur sententia tenuis.'

Terere, conterere.*

S. c. I. — III, 1045: 'somno partem maiorem conteris aevi.' Ebenso Enn. ann. fr. 194: 'magnam cum lassus diei partem trivisset.' — Ter. Hec. V, 3. 17: 'contrivi diem.' Ad. V, 4. 15: 'contrivi vitam atque aetatem meam.'

[Terminare], disterminare.

II, 718: 'sed ne forte putes animalia sola teneri legibus hisce, eadem ratio disterminat omne.'

[Texere], contexere, pertexere.

S. c. I. — III, 693: 'nec, tam contextae cum sint, exire videntur incolumes posse (sc. animae).' I, 418. — VI, 42: 'inceptum pertexere dictis.' — Die Beispiele von Uebertragung des entsprechenden griechischen Verbums, welche wir bei Epikur finden, entfernen sich weniger weit von der Grundbedeutung, als es in unserem letzten Beispiel der Fall ist; sie lassen sich daher eher den in Kap. I und II an erster Stelle angeführten Metaphern an die Seiten stellen. Epic. ep. ad. Herod. D. L. 72: 'οὔτε ἄλλό τι κατ᾽ αὐτοῦ κατηγορητέον ὡς τὴν αὐτὴν οὐσίαν ἔχον τῷ ἰδιώματι τούτῳ ἀλλὰ μόνον ᾧ συμπλέκομεν τὸ ἴδιον τοῦτο καὶ παραμετροῦμεν.' — 85: 'τοῖς εἰς ἀσχολίας βαθυτέρας ἐμπεπλεγμένοις.'

Textura.

III, 208: 'haec quoque res etiam naturam dedicat eius (sc. animae), quam tenui constet textura.' S. c. I.

[Tingere], contingere.

I, 934: 'musaeo contingens cuncta lepore.' IV, 9. I, 946 ff. II, 659: 'dum vera re tamen ipse religione animum turpi contingere parcat.' S. c. I.

Tormentum.*

V, 317: 'tormenta aetatis.'

Tractus.

I, 1004. V, 1214: 'perpetuo ... aevi ... tractu.'

Trahere, protrahere.

III, 133: 'sivi aliunde ipsi porro traxere (sc. harmoniai nomen) et in illam (animam) transtulerunt.' I, 408: 'caecas latebras insinuare omnis et verum protrahere inde.' V, 1156/1157: 'quippe ubi se multi per somnia saepe loquentes aut morbo delirantes protraxe

ferantur.' Die bildliche Anwendung von trahere, welche wir bei Terenz finden, (Andr. I, 5. 25) steht der Grundbedeutung des Wortes noch näher; dort lesen wir: 'curae animum divorse trahunt.'
Trames.

VI, 26: 'exposuitque bonum summum, quo tendimus omnes, quid foret, atque viam monstravit, tramite parvo qua possemus ad id recto contendere cursu.' Auch hier haben wir wieder eine ganze Reihe von Metaphern aus demselben Gebiete.

Tueri, contueri.

IV, 779/780: 'anne voluntatem nostram simulacra tuentur?' = 'Rücksicht nehmen;' s. respicere. — VI, 653: 'quod bene propositum si plane contueare ac videas plane, mirari multa relinquas.'

Turbare.

III, 37/38: 'metus ille foras praeceps Acheruntis agendus, funditus humanam qui vitam turbat ab imo.' S. Epic. ep. ad Menoec. D. L. 132: 'ταράττεσθαι κατὰ ψυχήν.' — ep. ad. Pythocl. D. L. 87: 'ἀθορύβως ζῆν' u. ähnl.

Ulcus.*

IV, 1060: 'ulcus (sc. amoris) enim vivescit et inveterascit alendo.'

Urgere.

III, 980/981: 'sed magis in vita divom metus urget inanis mortalis.' III, 1049. S. Hor. sat. I. 3. 69.

Vacillare.

IV, 1116: 'fama vacillans.'

Vagari.

II, 82: 'avius a vera longe ratione vagaris.' III, 1050. Epic. ep. ad. Menoec. D. L. 128: 'ἀπλανὴς θεωρία.'

Vas.

In allegorischer Weise sagt Plautus (Bacch. II, 2. 24): 'scis tu, ut confringi vas cito Samium solet;' unter dem 'vas Samium' versteht er ein samisches Weib. Wir vergleichen ebenfalls den Menschen einem Gefäss, besonders um die Unvollkommenheit desselben zu bezeichnen. Wir sprechen von einem 'gebrechlichen Gefäss.' Lucrez nennt den Körper 'vas animi' (III, 791 ff. V, 34 ff.). VI, 12: 'cum vidit hic ... divitiis homines et honore et laude potentis affluere atque bona gnatorum excellere fama, nec minus esse domi cuiquam tamen anxia corda, ... intellegit ibi vitium vas ellicere ipsum.' Vgl. auch die Allegorie in Horaz sat. I, III, 55/56: 'at nos virtutes ipsas invertimus atque sincerum cupimus vas incrustare.'

Vehere.

III, 1083: 'posteraque in dubiost fortunam quam vehat aetas.'

Venari.

III, 724: 'quaerendum videatur ..., utrum tandem animae venenentur semina quaeque vermiculorum ipsaeque sibi fabricentur ubi sint, an quasi corporibus perfectis insinuentur.'

[Vellere], avellere, evellere.

II, 257: 'unde est haec, inquam, fatis avolsa potestas.'
III, 310:* 'nec radicitus evelli mala posse putandumst.' S. c. I.

Vertere, advertere, convertere, evertere, subvertere.

II, 743/744: 'scire licet nostrae quoque menti corpora posse vorti in notitiam nullo circum lita fuco.' III, 592: 'finis dum vitae vertitur intra.' (sc. anima). — Peter Langen hat dargethan, dass schon Terenz 'advertere animum' in derselben Weise wie die Schriftsteller der goldenen Zeit gebrauche. Auch bei Lucrez finden wir 'animum advertere' in verschiedener Weise construiert; er lässt einen acc. c. inf. darauf folgen (III, 46), oder ad mit acc. (III, 54), oder einen blossen acc. (II, 125/126). Bemerkt zu werden verdient, dass Lucrez auch 'animos advertere' sagt, was wir bei den Schriftstellern der klassischen Latinität nicht finden (III, 54). — IV, 1057: 'alio convertere mentem.' — III, 84: 'pietatem evertere clade.' — V, 163: 'ab imo evertere summa.' — V, 1134/1135: 'regibus occisis subversa iacebat pristina maiestas.' — Script. Epic. [Plutarchi] de plac. philos. I, 7. 7, p. 300 D (Usen. Epic.): 'τὸ γὰρ μακάριον καὶ ἄφθαρτον ζῷον ἀνεπιστρεφές ἐστι τῶν ἀνθρωπίνων πραγμάτων.'

Vestigium.

I, 402: 'verum animo satis haec vestigia parva sagaci.' — II, 124: 'vestigia notitiai.' V, 55: 'cuius ego ingressus vestigia,' genau unserem deutschen Sprachgebrauch entsprechend. S. c. I.

Via.

V, 1121/1122: 'ad summum succedere honorem certantes iter infestum fecere viai.' VI, 26 ff. — II, 10: 'viam palantis quaerere vitae.' — I, 81/82: 'viam indugredi sceleris.' — Vgl. Hor. c. III, 24. 44: 'virtutisque viam deserit arduae.' Wir würden 'steil' mit 'Weg' verbinden. Im übrigen haben wir hier eine frappierende Uebereinstimmung der lateinischen mit der deutschen Metapher; auch wir sprechen vom 'Lebensweg,' auch wir sagen: 'den Weg des Verbrechens beschreiten.' — Epic. ep. ad. Herod. D. L. 37: 'ὅθεν δὴ πᾶσι χρησίμης οὔσης τοῖς ᾠκειωμένοις φυσιολογίᾳ τῆς τοιαύτης ὁδοῖ.' — Lucr. V, 101: 'nec tamen hanc possis oculorum subdere visu, nec iacere indu manus, via qua munita fidei proxima fert humanum in pectus templaque mentis.'

Videre, pervidere, providere.

V, 1341: 'futurum non quierint animo praesentire atque videre.' III, 1068 ff, IV, 850 ff., VI, 79. 90/91. 379, 380. 532 ff. 654. II, 89/90: 'quo iactari magis omnia materiai corpora pervideas.' IV, 880 ff. Enn. sat. fr. 501: 'animus cernit.' Die Uebertragung der Ausdrücke des Sehens auf geistiges Gebiet ist bei uns und im Griechischen ebenso häufig wie im Lateinischen. So fand ich beim Durchlesen der Briefe und Sentenzen Epikurs in dieser Weise angewendet: ἐπίβλεψις (D. L. 35), βλέπεσθαι (38), τηρεῖν (38), συνορᾶν, κατιδεῖν (68), συνιδεῖν (99), συνορᾶν (116), συνθεωρεῖν, θεωρεῖν, θεωρία (116). S. c. I.

Vigere.

V, 1105: 'ingenio qui praestabant et corde vigebant.' IV, 1148: 'pravas turpisque videmus ... summoque in honore vigere.' V, 1396: 'agrestis enim tum musa vigebat.' S. c. I.

Vigilare.

Ter. Phorm. I. 4. 25: 'te advigilare aequomst.' Lucr. IV, 1136: 'ut melius vigilare sit ante, qua docui ratione, cavereque ne inliciaris.'

Vincere, devincere, pervincere, revincere.

II, 604/605: 'quamvis effera proles officiis debet molliri victa parentum.' — II, 747: 'quod quoniam vinco fieri.' IV, 497 ff. IV, 479: 'sponte sua veris quod possit vincere falsa.' V, 306: 'denique non lapides quoque vinci cernis ab aevo?' — II, 289—291: 'ne mens ipsa necessum intestinum habeat cunctis in rebus agendis et devicta quasi id cogatur ferre patique.' — V, 99: 'quam difficile id mihi sit pervincere dictis.' IV, 485 ff. S. c. I.

Vincire, devincire.

III, 416: 'hoc anima atque animus vincti sunt foedere semper.'

IV, 959: 'quo quisque fere studio devinctus adhaeret.' S. c. l. Ter. Heaut. I, 2. 34: 'animus ubi semel se cupiditate devinxit mala.'
Vinculum.
    III, 83/84: 'vincula amicitiai rumpere.' S. c. l.
[Visere], convisere, revisere.
    I, 144: 'praepandere lumina menti, res quibus occultas penitus convisere possis.' IV, 1109: 'furor (amoris) revisit.'
Vita.
    III, 12/13: 'aurea dicta, perpetua semper dignissima vita.'
Vividus.
    I, 72: 'vivida vis animi.'
Volare, pervolare.
    S. c. I. — II. 1046: 'quid sit porro, quo prospicere usque velit mens atque animi iactus liber quo pervolet ipse.' — Enn. epigr. fr. 509: 'volito vivos per ora hominum.'
Volgivagus.
    V, 929: 'volgivago vitam tractabant more ferarum.'
Volvere, evolvere.*
    V, 1274: 'sic volvenda aetas commutat tempora rerum.' Vgl. Hor. c. IV, 6. 38: 'Noctilucam prosperam frugum celeremque pronos volvere menses.' — Lucr. VI, 381/82: 'Tyrrhena retro volventem carmina frustra indicia occultae divum perquirere mentis.' — VI, 34: 'volvere curarum (VI, 74: irarum) tristis in pectore fluctus.' — Catull. LXIV, 250: 'animo volvebat curas.' — I, 953/954: 'summai quaedam sit finis eorum, necne sit, evolvamus.' — Plaut. Capt. IV, 2. 1: 'in pectore hanc rem meo voluto.' — Hor. sat. I, 3. 112: 'tempora si fastosque velis evolvere mundi.'
Vulnus.*
    III, 63: 'haec vulnera vitae' (sc. avarities, honorum caeca cupido). V, 1192 ff. — II, 638/639: 'ne Saturnus eum malis mandaret adeptus aeternumque daret matri sua pectore volnus.' I, 34: 'aeterno devictus vulnere amoris.' — IV, 1112: 'usque adeo incerti tabescunt volnere caeco' (sc. amoris).

    Wenn wir das im I. Kapitel niedergelegte und besprochene Material mit dem des II. Kapitels zunächst rein äusserlich, dem Umfange nach vergleichen, so muss uns sofort in die Augen fallen, wie sehr die Metaphern des I. Kapitels an Zahl die des zweiten überwiegen. Es kann uns dies nicht Wunder nehmen. Lucrez behandelt in seinem Gedichte das, was Epikur τὸ κανονικόν nennt, d. h. die Epikureische Logik ebenso wie dessen Ethik so zu sagen nur nebenher. Im wesentlichen beschränkt er sich auf eine Darstellung der Physik. Nun ist es ja selbstverständlich, dass hiebei weniger mit abstrakten Begriffen operiert werden muss, als bei einer Abhandlung über Logik und Ethik, welche sich ganz auf geistigem Gebiete bewegen würde. Bringen wir nun überdies noch die immerhin oberflächlich zu nennende Anschauung der Epikureer auf diesem Gebiete in Anschlag, welche alles und jedes durch Sinneswahrnehmung erkennen und erklären zu können glaubt und jegliches auf körperliche Verhältnisse zurückzuführen sucht, so wird es uns ganz natürlich erscheinen, dass Lucrez häufiger Veranlassung hatte, Uebertragungen sinnlicher Begriffe auf ebensolche, als auf abstracte Begriffe vorzunehmen. In wiefern diese Erscheinung aber auch aus allgemeinen im Wesen der Metapher liegenden Gründen zu erklären ist, werde ich andere Stelle darthun.

Eine genauere Betrachtung beider Kapitel wird es uns aber auch ganz besonders anschaulich machen, von welch grosser Bedeutung für die Metaphernbildung bei Lucrez die Darstellung der Atombewegung ist. Es leuchtet ein, dass auf die Zahl der Metaphern in unserem II. Kapitel die Lehre von der Atombewegung einen Einfluss nicht, oder nur in ganz geringem Masse haben kann. Es wäre auffallend, wollte Lucrez die Erscheinungen, welche er in seinem Gedichte eben erst seinen Landsleuten zu veranschaulichen und zu erklären sucht, als Bild benützen; er würde damit den Zweck der Metapher, zu veranschaulichen und zu schmücken, gewiss nicht erreichen. — Vergleichen wir nun die Summe der Ausdrücke der Bewegung im I. Kapitel mit der des zweiten, so finden wir, dass sie in jenem fast doppelt so gross ist, als in diesem. Diese Erscheinung ist wesentlich auf den Inhalt des Lucrezischen Gedichtes, die Darstellung der Epikureischen Atomistik zurückzuführen. Einen allgemeineren Schluss auf den lateinischen Sprachgebrauch daraus zu ziehen, ist uns nach meiner Ansicht nicht gestattet.

Eine Ausnahme machen auf diesem Gebiete die Ausdrücke, welche die Bewegung des Wassers bezeichnen; hier ist eine Abnahme der Metaphern im Verhältnis zum ersten Kapitel nicht zu bemerken. Auch dies erklärt sich aus inneren Gründen. Womit liessen sich die Leidenschaften und Bewegungen der Seele besser vergleichen als mit den Wogen des Wassers, dem stets wechselnden Bilde des Meeres? Diesen Metaphern begegnen wir daher wohl bei allen Völkern, die sich überhaupt des Bildes in der Sprache bedienen, es gebraucht sie der schlichte Mann aus dem Volke so gut wie der Dichter, der auf der Höhe der Bildung steht. Es gibt, wie ich glaube, nur eines, was ebenso anschaulich das Seelen- und Geistesleben des Menschen im Bilde darzustellen vermag, das ist das Feuer und das Licht. Und in der That finden wir auch diese beiden Substantiva (ignis, lux) und die von ihnen abgeleiteten oder ihnen verwandten Worte sehr häufig von Lucrez in dieser Weise metaphorisch verwendet.

III. Kapitel.

A.

Uebertragung abstracter Begriffe auf abstracte Begriffe.

Audax.*
 II, 48—50: 'metus hominum curaeque sequaces ... audacter inter reges rerumque potentis versantur.'
Blandus.*
 V, 177/178: 'natus enim debet quicumque est velle manere in vita, donec retinebit blanda voluptas.'
Custos.*
 III, 323: 'haec igitur natura tenetur corpore ab omni, ipsaque corporis est custos et causa salutis.'
Dominari.
 III, 707: 'quae (anima) nunc in nostro dominatur corpore.' Vgl. B.
Ferus.
 VI. 1136: 'Haec ratio quondam morborum et morti' fera.'
Foedus.
 I, 586. II, 302. V, 309/310. 921. VI, 906/907: 'foedera naturae.' (S. lex.). II, 254: 'fati foedere.' III, 416: 'hoc anima atque animus vincti sunt foedere semper.' III, 779: 'si non forte ita sunt animarum foedera pacta, ut quae prima volans advenerit insinuetur prima.' V, 56/57: 'quo quaeque creata foedere sunt.'
Furor.
 IV, 1109: 'furor ille (sc. amoris) revisit.' Catull. LXIV, 54: 'indomitos in corde gerens Ariadna furores.' LXIV, 94 u. ö. Auch wir sprechen von 'Liebeswahnsinn.'
Imperare.*
 V, 670/671: 'nec minus in certo dentes cadere imperat aetas tempore.'

Indulgere.
III, 931: 'nimis aegris luctibus indulges.' Vgl. B.
Infestus.
III, 897: 'ademit una dies infesta tibi tot praemia vitae.'
Invidus.
I, 320: 'sed quae corpora decedant in tempore quoque, invida praeclusit spatium natura videndi.'
Lex.
V, 58: 'nec validas valeant aevi rescindere leges.' (S. B.)
Metuere.*
II, 48/49: 're veraque metus hominum curaeque sequaces nec metuunt sonitus armorum nec fera tela.'
Saevire.
IV, 16: 'infestis cogi saevire querellis.'
Saevus.
III, 173: 'saevus et in terra mentis qui gignitur aestus.' Lachmann setzt statt des in den codd. stehenden 'suavis' 'suppus.' Johannes Jones und nach ihm Bernays 'saevus.' Letztere Emendation scheint mir den Vorzug zu verdienen. Aestus steht metaphorisch; das Bild ist hergenommen von dem durch Sturm aufgeregten Meere. Auch sonst sagt Lucrez 'saevae procellae,' 'saevae undae.' Suppus fand ich nur einmal bei Lucrez (I, 1061). S. B.
[Sagire], praesagire.
IV, 1049: 'namque voluptatem praesagit muta cupido.'
[Vereri], revereri.
II, 48—51: 'metus hominum curaeque sequaces nec ... nec ... neque fulgorem reverentur ab auro.'

B.
Uebertragung abstracter Begriffe auf concrete Begriffe.

Audere.
VI, 1070: 'vitigeni latices aquai fontibus audent misceri.'
Avidus.
I, 1031: 'efficit, ut largis avidum mare fluminis undis integrent amnes.' V, 200: 'principio quantum caeli tegit impetus ingens inde avide partem montes silvaeque ferarum possedere.' VI, 1232:

'quippe etenim nullo cessabant tempore apisci ex aliis alios avidi contagia morbi.'

Blandus.*

V, 1366: 'fructusque feros mansuescere terram cernebant indulgendo blandeque colendo.' Vgl. A.

Contemnere.*
II, 447: 'adamantina saxa prima acie constant, ictus contemnere sueta.'

Curare.*
IV, 819: 'quod ne miremur sopor atque oblivia curant.' IV, 242 ff.

[Dicare], dedicare, indicare.

I, 364: 'ergo quod magnumst aeque leviusque videtur, nimirum, plus esse sibi declarat inanis: at contra gravius plus in se corporis esse dedicat.' — Epic. D. L. 39: '$σώματα\ μὲν\ γὰρ,\ ὡς\ ἔστιν\ αὐτὴ\ ἡ\ αἴσθησις\ ἐπὶ\ πάντων\ μαρτυρεῖ$.' Lucr. I, 422 ff. III, 208 ff; IV, 643 ff. — III, 686: 'dentes quoque sensu participentur; morsus ut indicat', et gelidai stringor aquai, et lapis oppressus, subiit si e frugibus, asper.' IV, 393 ff.

Dicere.
III, 361: 'contra cum sensus dicat eorum' (sc. oculorum).

Doctus.
IV, 576/577: 'ita colles collibus ipsi verba repulsantes iterabant docta referri.'

Dolus.
II, 557: dolus maris. S. invidia.

Dominari.
II, 958: 'leti dominantem in corpore motum discutere.' VI, 223: (fulmina) 'celeri flamma dominantur in aedibus ipsis.' VI, 87 ff. VI, 385. VI, 235 ff. 641 ff. und A.

Ferus.*
II, 49: 'armorum fera tela.' II, 103/104: 'fera ferri corpora.'

Fretus.
VI, 1054: 'illud in his rebus mirari mitte, quod aestus non valet e lapide hoc (Magnete) alias impellere item res. Pondere enim fretae partim stant.'

Furere, perfurere.
Enn. ann. fr. 425: 'furentibus ventis.' — Lucrez II, 593: furit ignibus impetus Aetnae' — VI, 685/686: 'hic (aër) ubi per-

caluit calefecitque omnia circum saxa furens,' VI, 109: 'carbasus ut quondam magnis intenta theatris ... interdum percissa furit petulantibus auris.' VI, 1042 ff. I, 275/276. Catull. XLVI, 2: 'coeli furor aequinoctialis.'

Furibundus.*

VI: 367: 'ignibus et ventis furibundus fluctuet aër.'

Indignari.*

VI, 196: 'quas (sc. nubium speluncas) venti cum tempestate coorta conplerunt, magno indignantur murmure clausi nubibus.'

Indulgere.

I, 805: 'nisi tempestas indulget tempore fausto imbribus, ... crescere non possint fruges.' V, 1366 ff. S. A.

Infidus, insidiae.*

II, 557: 'infidi maris insidias virisque dolumque.'

Invitare.

II, 318: ‚quo quamque vocantes invitant herbae.' V, 524.

Ira.*

I, 722: 'hic Aetnaea minantur murmura flammarum rursum se colligere iras.'

Laetus.

I, 225: 'hinc laetas urbes pueris florere videmus.'

Lex.

III, 690: 'leti lege solutus.' S. A.

Loqui.

IV, 978: 'chordas loquentis.'

[Meditari], commeditari.

VI, 112: (carbasus) 'fragilis sonitus chartarum commeditatur.'

Mina.

V, 1000/1001: 'hic temere id cassum frustra mare saepe coortum saevibat leviterque minas ponebat inanis.' Catull. IV, 6: 'minacis Adriatici litus.' Lucr. V, 1191: 'murmura magna minarum = tonitrus.'

Mirari.

V, 1235: 'concussaeque cadunt urbes dubiaeque minantur.'

[Nuere], abnuere.

III, 638: 'at quod scinditur et partis discedit in ullas, scilicet, aeternam sibi naturam abnuit esse.'

Nuntium.

IV, 701/702: 'refrigescit enim cunctando plaga per auras, nec calida ad sensum decurrunt nuntia rerum.' VI, 76 ff. 1177 ff.

Petulans.*

VI, 111: 'petulantibus auris.'

Piger.*

V, 744: 'tandem bruma nives adfert pigrumque rigorem.' Horaz c. IV, 7. 12: 'bruma iners.'

Regnare.*

V, 394/395: 'cum semel interea fuerit superantior ignis et semel, ut fama est, umor regnavit in arvis.'

Renutare.

IV, 597: 'nimirum, quia vox per flexa foramina rerum incolumis transire potest, simulacra renutant.'

Respondere.

IV, 165: 'res sibi respondent simili forma atque colore.' IV, 209 ff.

Saevire.

I, 276: 'saevitque minaci murmure ventus.' V, 1000: 'mare saepe coortum saevibat.' Vgl. A.

Saevus.

Lucil. sat. fr. 430 und Plaut. Merc. I, 2. 83: 'saevae tempestates.' Lucr. III, 803: 'saevas tolerare procellas.' VI, 458: 'tempestas saeva.' V, 222: 'saevis proiectus ab undis.' Plaut. Merc. I, 2. 85: 'saevi fluctus.'

[Sentire], consentire.

II, 716/717: 'quae (sc. corpora) neque conecti quoquam potuere neque in se vitalis motus consentire atque imitari.' III, 798 ff.

Severus.

IV, 458: 'severa silentia noctis.'

Tristis.*

IV, 123: 'tristia (= amara) centaurea.' IV, 632. VI. 780.

Es ist ein überaus reichhaltiges Material, welches sich uns bei Sammlung der von Lucrez gebrauchten Metaphern ergeben hat, und es ist wohl gestattet, aus demselben Schlüsse sowohl auf die Eigenart des Dichters als auch auf den Gebrauch und die Ent-

wickelung der Metapher im allgemeinen zu ziehen. Was zunächst
die auf den ersten Blick auffällig erscheinende häufige Anwendung
dieses Tropus anlangt, so lehrt ein Blick auf die Beschaffenheit
der gesammelten Beispiele, dass dieselbe nicht lediglich als eine
Eigentümlichkeit des Lucrez betrachtet werden kann, sondern
überhaupt üblich war; ist ja doch die Mehrzahl der angeführten
Beispiele der Art, dass sie teils durch zahlreiche Parallelstellen aus
anderen Schriftstellern als Gemeingut der lateinischen Sprache
nachgewiesen werden konnten, teils wegen ihrer weiten Verbreitung, ihres häufigen Auftretens eines solchen Nachweises gar nicht
mehr bedurften. Immerhin bleibt noch ein so bedeutender Rest,
der sich als seltener gebrauchte oder als poetische Metaphern bezeichnen lässt, z. T. vielleicht auch als specielles Eigentum unseres
Dichters betrachtet werden darf, dass wir behaupten können,
Lucrez habe sich gerne der bildlichen Ausdrucksweise bedient.

Und wenn sich weiterhin auch nicht mit Gewissheit feststellen lässt, wie viele der oben als ungewöhnlicher bezeichneten
Metaphern Lucrez ihren Ursprung verdanken, so scheinen mir doch
Wendungen, wie wir sie VI, 1239; III, 12; I, 853; IV, 216; II, 465;
I, 772 finden, zu beweisen, dass Lucrez es verstanden hat, in wirksamster Weise und mit feiner, poetischer Empfindung sich der
Metapher zu bedienen[1]); auch dafür, dass er vor kühnen Bildern
nicht zurückschreckte, finde ich in solchen Stellen den Beleg.
'Incuria mactans,' 'hydra venenatis vallata colubris' sind ebenso
kühne, wie anschauliche Metaphern. Unsere schöne, echt poetische
Metapher von den Thränen, welche die Wangen betauen, finden
wir bei Lucrez wieder: 'lacrimis spargunt rorantibus ora genasque'
(II, 977). Feine Naturbeobachtung und Naturempfindung verraten
uns Stellen wie folgende: 'tempore item certo roseam Matuta per
oras aetheris auroram differt et lumina pandit, aut quia sol idem,
sub terras ille revertens, anticipat caelum radiis accendere temptans ...' (V, 654 ff.).

Es mag hier nebenbei bemerkt sein, dass überhaupt die
Naturschilderungen bei Lucrez wahre Perlen der Poesie sind, denen
sich vielleicht weniges in der römischen Litteratur an die Seite
stellen lässt. Man beachte in dieser Hinsicht die prächtige Schil-

---

[1]) 'incuria mactans', 'depascimur omnia aurea dicta', 'leti sub dentibus ipsis', 'exesor maerorum', 'sudor maris', 'hic Aetnea minantur murmura flammarum rursus se colligere iras.'

derung des dahinbrausenden, über die Ufer strömenden Bergstromes und des Sturmes im ersten Buche (I, 1—19); diese Stelle muss man laut lesen, um sie ganz zu geniessen, da das Packende der Schilderung hier nicht nur im Inhalt, sondern im Klange der Worte liegt[1]). An solchen und ähnlichen Stellen ringt sich der Dichter los von dem ihn fesselnden Stoffe, der an sich so wenig zu poetischer Behandlung geeignet ist.

Die Metapher dient nach einer bekannten, allerdings nicht ganz zutreffenden Definition dem Schmucke und der Veranschaulichung der Rede. Beide Ziele werden in gesteigertem Masse erreicht, wenn das gewählte Bild durch eine Reihe von Worten durchgeführt wird; das versteht nun Lucrez vortrefflich. Aus der grossen Anzahl hierher gehöriger Beispiele, auf welche ja im Texte besonders hingewiesen wurde, hebe ich eines als besonders charakteristisch hervor, das, wie wir sehen werden, auch in anderer Hinsicht interessant ist.

Unter dem Drucke der Religion, so meint Lucrez, seufzte das Menschengeschlecht. Da lag es nahe die That Epicurs, der die Nichtigkeit der herkömmlichen religiösen Anschauungen darzuthun suchte, als eine That der Befreiung von harter Tyrannei darzustellen. Lucrez führt dieses Bild durch 18 Verse (I, 62—79) durch, ohne dass wir das Ganze einen Vergleich oder eine Allegorie nennen könnten, da zwischen den bildlichen immer wieder die eigentlichen Ausdrücke gebraucht werden und zwar ohne Vergleichungswort. Wir lesen:

'humana ante oculos foede cum vita iaceret
in terris oppressa gravi sub religione
quae caput a caeli regionibus ostendebat
horribili super aspectu mortalibus instans,
primum Graius homo mortalis tendere contra
est oculos ausus primusque obsistere contra;
quem neque fana deum nec fulmina nec minitanti
murmure compressit caelum, sed eo magis acrem
inritat animi virtutem, effringere ut arta
naturae primus portarum claustra cupiret.

---

1) Es dürfte sich verlohnen, eine genauere Untersuchung über die bei Lucrez überhaupt sehr häufige Allitteration, Assonanz und Tonmalerei anzustellen. Einen wesentlichen Teil der Aufgabe löst die schon früher citierte Arbeit Ebrards über die Allitteration in der lateinischen Sprache.

ergo vivida vis animi pervicit, et extra
processit longe flammantia moenia mundi
atque omne immensum peragravit mente animoque;
unde refert nobis victor quid possit oriri,
quid nequeat, finita potestas denique cuique
qua nam sit ratione atque alte terminus haerens.
quare religio pedibus subiecta vicissim
opteritur, nos exaequat victoria caelo.'

Welchen Reichtum an Metaphern, und welch schöne Verbindung aller zu einem vollendeten Bild! Wie fein berechnet ist da jedes einzelne Bild, so wie das Ganze! Die Schilderung des traurigen Zustandes der Menschheit vor der Befreiung durch Epicur (in terris oppressa gravi sub religione vita humana cum iaceret), die Darstellung der religio als eines abschreckenden Ungeheuers 'quae caput a caeli regionibus ostendebat horribili super aspectu mortalibus instans,' beides ist wohl geeignet zunächst das Mitleid des Hörers rege zu machen und weiterhin Abscheu vor der Tyrannin Religion zu erwecken. Dann die Einführung des 'Graius homo mortalis' — auch die Wahl dieses Ausdruckes ist berechnet — als eines Helden, der zuerst sich ermannt zum Widerstand. Zunächst ist es nur ein 'oculos contra tendere,' man hatte also bis dahin nicht einmal gewagt dem Unterdrücker ins Auge zu sehen; aus dem 'oculos contra tendere' wird aber ein 'obsistere.' Ich bemerke, wie das Wort obsistere, das sonst in dieser Bedeutung als Metapher kaum mehr empfunden wurde, erst durch die Umgebung, in welcher es steht, als solche wirkt. 'Quem neque fana deum nec fulmina nec minitanti murmure compressit caelum;' die lange gefürchtete 'religio' zeigt sich als inhaltsleeres, wesenloses Phantom. Dieser Erfolg spornt zu kühnerer That an, und hier haben wir auch eine kühnere Metapher: 'effringere ut arta naturae primus portarum claustra cupiret.' Und nun die herrliche Schilderung des Siegeszuges der vivida vis animi bis über die flammenden Mauern des Weltalls hinaus, von dem als Siegesbeute die Erkenntnis dessen heimgebracht wird 'quid possit oriri, quid nequeat, finita potestas denique cuique qua nam sit ratione atque alte terminus haerens.' Wir werden durch diese Schilderung unwillkührlich zur Teilnahme fortgerissen, wir freuen uns mit dem Dichter des Sieges, den ein kühner Menschengeist errungen zu haben meint, wenn wir auch bei nüchterner Betrachtung uns bald des Unterschiedes bewusst werden, der uns von der Anschauung des begeisterten Philosophen trennt. Wesentlich aber beruht die hinreissende Wirkung der Stelle auf dem Gesamtbild und den einzelnen Metaphern desselben.

Ich habe auf die von Lucrez mit Vorliebe angewandte continuatio der Metaphern hingewiesen, für die uns die angeführte Stelle einen schönen Beleg bot. So sehr nun aber Lucrez die Verknüpfung einer grösseren Anzahl bildlicher Ausdrücke liebt, so ferne liegt ihm eine unschöne Häufung derselben, oder eine Vermischung von Bildern aus verschiedenen Gebieten. Beides würde nicht nur unschön sein, sondern, entgegen dem Zwecke der Metapher, die Rede verdunkeln, statt sie zu erhellen. Es ist mir kein Beispiel bei Lucrez aufgefallen, in welchem man ihn des Uebermasses im Gebrauch der Metapher beschuldigen könnte, in welchem die Schönheit oder Klarheit der Rede durch die Häufung übertragener Ausdrücke gelitten hätte.

Haben wir bisher als charakteristisch für den Sprachgebrauch des Lucrez im allgemeinen seine Vorliebe für die Metapher, dann Kühnheit und poetische Empfindung in Anwendung derselben, feines Masshalten einerseits, andererseits schöne und anschauliche Durchführung der Bilder durch ein Satzganzes oder mehrere Sätze festgestellt, so interessiert es uns weiterhin zu erfahren, welchen Gebieten derselbe vorwiegend seine Bilder entnimmt.

Bei dem, was oben über die feine Naturbeobachtung und Naturempfindung des Lucrez gesagt ist, kann es uns nicht wunder nehmen, dass uns unter den Metaphern solche aus dem Gebiete der Natur und ihrer mannigfachen Erscheinungsformen am häufigsten begegnen. Es ist dies um so weniger auffällig, da ja an sich die lateinische Sprache eine Vorliebe für solche Metaphern zeigt. Ich erinnere nur an die grosse Anzahl von Bildern, welche vom Feuer und Wasser hergenommen sind[1]). Aber auch abgesehen hievon finden sich, wie gesagt, bei Lucrez Bilder aus diesem Gebiet in grosser Zahl. 'Muliebria arva conserere,' eine Metapher, die sich auch im Griechischen findet; flos und florere in mannigfachen Uebertragungen, ebenso fructus. Propago steht für filius; radix, radicitus, eradicare, ramosus, truncus wird auf Lebendes

---

1) Es wäre interessant, nach dieser Richtung hin die lateinische Sprache mit anderen Sprachen zu vergleichen.

und Unbelebtes übertragen; caelum, terra und mare dient oft als
Bild; auf die 'rorantes lacrimae' wurde schon an anderer Stelle
hingewiesen. Die hierhergehörigen Stellen liessen sich aus dem
Text noch bedeutend vermehren, doch würde eine Einzelaufzählung
zu weit führen.

Gehen wir nun zu den Bildern über, welche vom Menschen
und dessen Beschäftigungen hergenommen sind, so bemerken wir
zunächst, dass uns am häufigsten Metaphern begegnen, welche auf
den Krieg Bezug haben. Dies entspringt wohl nicht einer beson-
deren Neigung des Lucrez, sondern entspricht dem durch die
ganze Geschichte bewährten kriegerischen Charakter des römischen
Volkes. Nicht nur die Substantiva bellum, pugna, proelium, certamen finden sich häufig in übertragener Bedeutung bei Lucrez,
sondern fast alle einzelnen Stadien des Krieges von der ersten
Veranlassung zu demselben bis zum schliesslichen Siege oder der
Niederlage sind metaphorisch verwertet. Wenige Metaphern dagegen habe ich gefunden, welche dem Circus, noch weniger, welche
dem Theater entnommen sind. Es wäre von Interesse festzustellen,
ob sich in dieser Hinsicht, besonders in Bezug auf das Circuswesen,
nicht später eine wesentliche Verschiebung des Zahlenverhältnisses
constatieren liesse.

Weiterhin finden wir bei dem Bilderschatz unseres Dichters
die Schiffahrt, Jagd, Fischerei, den Landbau öfters verwertet, hie
und da, doch seltener, begegnen wir Ausdrücken, welche dem
Schmiedehandwerk entlehnt sind. Am häufigsten von allen Ge-
werbsarten ist die Weberei vertreten. Es ist an geeigneter Stelle
bereits darauf hingewiesen, dass Lucrez, soweit er durch diese t. t.
des Weberhandwerks die Verbindung der Atome bezeichnet, vielleicht in die Fussstapfen Epikurs tritt; mit Gewissheit lässt sich
das aber nicht behaupten, da ja gerade diese Worte auch sonst
häufig genug in metaphorischer Weise gebraucht werden.

Unter den unmittelbar vom Menschen hergenommenen Bildern
sind folgende zu erwähnen. Sehr häufig stehen die Verba des
Sehens für Erkennen, ein ja auch bei uns ganz allgemein übliches
Bild. Caput steht statt fons; an anderer Stelle lesen wir 'liquida
pes undarum.' Die Berge werden lauricomi genannt. Sehr
häufig ist die Uebertragung der Verba ire, currere, volare, nare
und ähnlicher die Bewegung der Lebewesen bezeichnenden Zeit-
wörter auf Unbelebtes. Ferner wird die Entstehung unbelebter

Dinge öfters unter dem Bilde der Geburt dargestellt. Die Erde heisst mater, der Himmel pater omnium rerum; wir begegnen in dieser Weise verwendet den Worten partus, parere, nasci, gremium, pullus, gravidus u. a.

Ein zusammenfassender Rückblick auf die Gebiete, aus denen Lucrez seine Metaphern vorzugsweise nimmt, scheint mir zu ergeben, dass nach dieser Seite eine besondere Eigenart des Dichters nur insoweit sich konstatieren lässt, als er mit Vorliebe aus dem Gebiete der Natur seine Bilder wählt. Von den übrigen Gebieten überwiegt keines in einer Weise, dass wir irgend welche Schlüsse daraus ziehen könnten.

Ich erwähnte, dass ich zu einer Reihe der oben angeführten Metaphern aus Lucrez Parallelstellen bei den vorlucrezischen Dichtern nicht gefunden habe. Es führt uns das zu der schon angedeuteten Frage, wie weit Lucrez überhaupt auf diesem Gebiete als schöpferisch betrachtet werden kann. Eine auch nur annähernde Beantwortung dieser Frage wird erst dann möglich sein, wenn durch Specialarbeiten über die gesamte vor Lucrez liegende Litteratur hinsichtlich des Sprachgebrauchs nach dieser Seite eine statistisch genaue Vergleichung möglich ist. Auf dem unsicheren Boden der Vermutungen werden wir uns bei der unvollständigen Erhaltung der ältesten Denkmäler, bei unserer naturgemäss unvollkommenen Kenntnis der gesprochenen Sprache der damaligen Zeiten immer bewegen. Erwähnen will ich aber doch, dass es mir bei 70—80 Fällen der selteneren Metaphern nicht gelungen ist, Parallelstellen aus vorlucrezischen Dichtern zu finden.

Schliesslich ist es ja aber gar nicht in erster Linie wichtig festzustellen, ob unser Dichter diese oder jene Metapher zuerst gebraucht, oder in die Litteratur eingeführt hat; es wäre thöricht, danach die Originalität desselben zu bemessen. Die Hauptsache ist, wie er mit dem ihm zu Gebote stehenden Schatz von Metaphern gearbeitet hat, und diese Frage wurde, wie ich glaube, im Vorausgehenden nicht zu Ungunsten des Dichters beantwortet. Es ist allzusehr Brauch geworden, aus der Uebereinstimmung einzelner Redewendungen oder bildlicher Ausdrücke den Schluss zu ziehen, der später lebende Schriftsteller habe einen Vorgänger nachgeahmt. Ich kann mich mit dieser sich an der Oberfläche bewegenden Methode nicht befreunden, die ja in neuerer Zeit auch schon auf unsere grossen Classiker angewendet wird. Gerade die in vorliegender Arbeit aus früheren und späteren Schriftstellern und auch aus anderen Sprachen angeführten Parallelstellen zu Lucrez können zeigen, wie vorsichtig man auf diesem Gebiet sein muss. Wie ganz anders wirkt z. B. das nämliche Bild bei Lucrez und bei Plautus; beide sind eben Original in der Art der Anwendung desselben. Dann sollte man sich doch auch bei jeder Uebereinstimmung fragen, ob nicht gerade in dem vorliegenden Fall das oder jenes Bild so nahe liegt, dass es sich Verschiedenen ganz unabhängig von einander darbieten konnte und musste.

Betrachte ich nun mit dieser Reserve die vorliegende Sammlung von Metaphern und lege mir die Frage vor: 'Ist Lucrez in Anwendung bildlicher Ausdrücke einem der einheimischen Dichter gefolgt?' so komme ich wesentlich zu einem negativen Resultat. Vielleicht hat ihm manchmal Ennius vorgeschwebt; es findet sich wenigstens gerade bei den weniger alltäglichen Metaphern häufiger eine Uebereinstimmung mit dem Sprachgebrauch dieses Dichters als mit dem eines anderen.

(Vgl. Enn. sat. fr. 458 Luc. V, 500. Enn. VIII, 203 Lucr. I, 133. V, 973

„ „ 542 „ IV, 542.   „   54 „ I, 1097
„ „ 335 „ I, 10.   „   4 „ IV, 1019/1020
ann. „ 315 „ V, 1393. „   260 „ V, 1440
„   III, 467 „ II, 329. „   II, 100 „ VI, 894
         Enn. fr. 451 Lucr. I, 259.)

Es ist nicht unmöglich, dass eine, wenn auch vielleicht unbewusste, Einwirkung des Ennius auf die Sprache des Lucrez stattgefunden hat; einen zwingenden Beweis hiefür vermag ich in den angezogenen Parallelstellen nicht zu erkennen.

Es fragt sich nun, ob wir die Selbständigkeit, welche wir für Lucrez hinsichtlich seines Bilderschatzes seinen römischen Vorgängern gegenüber in Anspruch nehmen müssen, auch den griechischen Quellen gegenüber, soweit sie hier zur Vergleichung herbei gezogen wurden, behaupten können. Es hat sich wohl ergeben, dass sich die Bilder des Lucrez manchmal, aber nicht allzuoft, mit den im Griechischen gebrauchten decken. Wenn wir aber sehen, wie häufig eine solche Uebereinstimmung sich auch mit dem Sprachgebrauch anderer griechischer Schriftsteller, insonderheit der Tragiker findet, wie ferner gerade bei solchen übereinstimmenden Metaphern nicht selten im Deutschen sich das nämliche Bild nachweisen lässt, wenn wir schliesslich die Fälle ausnehmen, in denen das von Lucrez gebrauchte Bild so allgemein üblich im Lateinischen ist, dass von einer Nachahmung des Griechischen durch Lucrez nicht die Rede sein kann, so dürften wir behaupten: Auch den griechischen Quellen gegenüber hat Lucrez sich als selbständig schaffender Dichter bewährt.[1])

Fragen wir nun, was sich für den Gebrauch, das Wesen und die Entwicklung der Metapher im allgemeinen aus dem vorliegenden Material ergibt. Zunächst wird uns der ungemeine Reichtum an Metaphern auffallen, der, wie ich schon erwähnte, nicht allein der Vorliebe des Lucrez für diesen Tropus entspringt, sondern als ein Gemeingut der lateinischen Sprache zu betrachten ist[2]). Wenn wir weiterhin in Betracht ziehen, dass die Zahl der Metaphern noch bedeutend wachsen würde, wenn wir alle diejenigen Worte hinzufügen wollten, welche im Laufe der Zeit ihre Grundbedeutung verloren und nur noch in übertragener Bedeutung gebraucht werden, so würde schon daraus die grosse Wichtigkeit dieses Tropus sich erkennen lassen. Mehr noch aber werden wir Max Müller beistimmen, welcher die Metapher einen der mächtigsten Tragpfeiler in dem Gebäude der menschlichen Sprache nannte[3]), wenn wir sehen, wie viele Begriffe sich geradezu nur metaphorisch bezeichnen lassen, und wie mannigfach die Aufgaben sind, welche dieser Tropus zu erfüllen hat, wie zahlreich die Abstufungen im Gebrauch wie in der Wirkung desselben. Daher kommt es auch, dass wir der Metapher ebenso im Munde des gemeinen Mannes, in der Volkssprache wie in der mustergiltigen Schriftsprache, in allen Stilgattungen, beim Prosaiker wie beim Dichter begegnen.

Ein zweites, was uns beim ersten Blick auf unser Stellenmaterial auffällig erscheinen muss, ist das Missverhältnis, in welchem die einzelnen Kapitel der vorliegenden Arbeit dem Umfange nach zu einander stehen. Diese Erscheinung findet in der Entstehungs- und Entwicklungsgeschichte der Metapher ihre Erklärung. Die historische Betrachtung der Metapher führt uns in die Urzeit

---

1) Viel weniger selbstständig scheint mir auch in dieser Hinsicht Cicero seinen griechischen Quellen gegenüberzustehen.

2) Festzustellen, in wieweit sich diese Behauptung auch auf andere Sprachen ausdehnen lässt, liegt nicht im Rahmen dieser Arbeit.

3) Vorlesungen über die Wissenschaft der Sprache. Deutsch von Dr. Carl Böttger. Leipz. 1866. VIII. Vorlesung.

des Menschengeschlechts zurück. Wie das Kind zunächst die Dinge, welche es mit den Sinnen wahrnimmt, benennt, so war es in der Kinderzeit des Menschengeschlechtes auch zuerst das Materielle, welches benannt wurde. Der Mensch erkannte aber auch bald, dass auf dem Gebiet des Sinnlichen viele Dinge ihrem Aussehen oder ihrer Wirkung nach verwandt, einander ähnlich seien, und übertrug nun den Namen des einen auf das andere. Dass solche Vergleichungen zuerst auf dem Gebiete des Sinnenfälligen stattfanden, lässt sich nicht bezweifeln, da hier die Aehnlichkeit am leichtesten zu erkennen ist, sich gewissermassen von selber aufdrängt. Müssen wir also die Uebertragung des Sinnlichen auf Sinnliches für die älteste Art der Metapher halten, so kann es uns nicht wunder nehmen, dass sie auch an Zahl überwiegt. Denn wir dürfen nicht vergessen, dass die Metaphernbildung nicht auf einen gewissen Zeitraum der Entwicklung der Sprachen beschränkt ist, sondern stetig fortschreitet. Jeder Culturfortschritt, jede neue Errungenschaft auf irgendwelchem Gebiet, jede Abweichung eines Volkes von bisher beschrittenen Bahnen wird zugleich eine Menge neuer Bilder in der Sprache hervorrufen. Und da auch bei diesem Wachstum des Metaphernschatzes die Uebertragung des Concreten auf Concretes die naheliegendste, auch dem gemeinen Manne geläufigste ist, wird sie uns selbstverständlich am häufigsten begegnen.

Schon bald aber wird das Bedürfnis erwacht sein, auch Immaterielles zu benennen. Hier trat nun besonders der Fall ein, den Cicero im Auge hat, wenn er sagt, dass die Metapher ein Tropus sei 'quem necessitas genuit inopia coacta et angustiis.' Die Namengebung war hier eine entschieden schwierigere, da die Sinnenwahrnehmung fehlte. Man griff daher zur Metapher, und zwar, wie Max Müller behauptet und darzuthun sucht, geschah dies bei Benennung der Abstracta durchweg. Es lag ja so nahe z. B. körperliche und geistige Schmerz- oder Lustempfindungen zu vergleichen, die durch das Auge oder Ohr vermittelte Erkenntnis auf den geistigen Process des Erkennens zu übertragen und anderes mehr. Freilich darf nicht ausser acht gelassen werden, dass bei sehr vielen gerade dieser Metaphern naturgemäss die ursprüngliche Bedeutung des Wortes ganz in Vergessenheit geriet, so dass sie nicht mehr schlechthin als bildliche Ausdrücke bezeichnet werden können. Würde ich auch alle diese verblassten

Bilder mit aufgezählt haben, so würde sich natürlich das Zahlenverhältnis zu Gunsten des II. Kapitels verschoben haben. Immerhin ist auch aus den von mir aufgezählten Metaphern, welche ihre ursprüngliche Kraft behalten haben, wohl zu erkennen, dass in der That die Uebertragung der Concreta auf Abstracta der 'inopia' entsprungen ist. Es finden sich nämlich im II. Kapitel viel häufiger als im I. Kapitel Metaphern, welche als Aushülfe dienen, da ein anderes Wort, das erschöpfend des Dichters Gedanken wiedergäbe, fehlt.

Dass ferner die Zahl der Uebertragungen der Abstracta auf Abstracta und der Abstracta auf Concreta so gering ist, darf uns nicht überraschen. An und für sich mögen Metaphern dieser Art spät genug in Schwang gekommen sein; dann werden auch im weiteren Verlauf der Entwicklung wesentlich nur die höher Gebildeten sich der meisten derselben bedient haben; Vergleiche wie: 'voluptatem praesagit cupido', 'fera tela', 'blanda voluptas' liegen dem gemeinen Manne zu ferne, dringen erst von oben nach unten in die breiteren Massen des Volkes durch. Uebrigens soll nicht in Abrede gestellt werden, dass das Zahlenverhältnis der Metaphern dieses Kapitels auch speciell durch den Inhalt des Lucrezischen Gedichtes beeinflusst wurde. Gerade diese Metaphern sind ja am wenigsten geeignet zur Veranschaulichung beizutragen, ein Zweck, den Lucrez bei der noch geringen Bekanntschaft seiner Landsleute mit der Philosophie Epicurs nie aus den Augen lassen durfte. Auch der Umstand, dass Lucrez sich fast ganz auf die Darstellung der Epikureischen Physik beschränkte, mag in dieser Richtung nicht ohne Einfluss geblieben sein.

Was den Zweck und die Aufgabe der Metapher anlangt, so finden wir schon bei den Alten die Definition, sie diene der Veranschaulichung und dem Schmucke der Rede. In gewissem Sinne ist dies ja wohl der Fall. Nur darf man die Sache nicht so auffassen, als sei mit jenem Satze nicht nur der Zweck, sondern auch die Veranlassung der Metapher gegeben; wir kommen sonst in Conflict mit der Thatsache, dass die Metapher sehr häufig als Notbehelf, als Ersatz für fehlende Worte auftritt. In der That lassen sich ja auch Metaphern denken, die nichts weniger als anschaulich sind, ohne dass sich doch behaupten liesse, sie seien widersinnig. Eine berechtigte Forderung wird es allerdings immer bleiben, dass die Metapher so gewählt sein soll, dass das Bild ein möglichst anschauliches ist.

Nun ist aber wohl zu beachten, dass nicht nur die kühnere Metapher, sondern auch die allergewöhnlichste durch den Zusammenhang, in welchen sie gebracht wird, gewissermassen in ein neues Licht gesetzt werden und dadurch eben jenem Zwecke der Veranschaulichung und des Schmuckes der Rede dienstbar gemacht werden kann. Klassische Beispiele hiefür bietet die oben angeführte Stelle (Lucrez I, 62—79), in welcher auch ganz alltägliche Metaphern, welche ausserdem kaum als solche empfunden würden, durch die Umgebung, in welcher sie stehen, zu ihrer vollen ursprünglichen Wirkung neu gekräftigt werden.

Eben von dem Zusammenhang, in welchem ein Bild steht, hängt natürlich auch die Art der Wirkung desselben ab. Vergleichen wir z. B. die verwandten Bilder, welche sich bei Lucrez (V, 649) und bei Plautus (Amphitr. I, 1. 126) finden. An beiden Stellen wird das untergegangene Tagesgestirn einem schlafenden Menschen verglichen. 'Sol suos efflavit languidus ignis' sagt Lucrez; 'credo dormire solem' lesen wir bei Plautus. Den Worten bei Lucrez geht aber voran 'de longo cursu (sol) ultima caeli impulit atque suos etc.'; das Bild bei Plautus wird vervollständigt durch die Worte 'atque adpotum probe.' Wie ganz verschieden wirken nun beide Bilder! Die Verwandschaft ist durch diese Zusätze in der That lediglich nur mehr eine rein äusserliche: Hier der müde Wanderer, der zur wohlverdienten Ruhe geht, ein durchaus poetisches Bild, durch das in der That 'elatio in nobiliorem ordinem' stattfindet, dort der angetrunkene Zecher, der in den Morgen hineinschläft, die Metapher im Dienste einer Komik derbster Art. Dass bei Lucrez diese Art der Metapher uns nicht begegnet, liegt ebenso in dem Stoffe seines Gedichtes begründet, wie in dem fast herben Ernst der Gesinnung, welcher, gepaart mit feinem dichterischem Empfinden, ihn auszeichnet.

Interessant ist es, zu sehen, wie die Anwendung der Metapher Lucrez so häufig auf das Gebiet der Mythologie führt, die doch eigentlich für ihn einen überwundenen Standpunkt bezeichnet· Wir finden bei ihm: 'Mavors aeterno devictus vulnere amoris,' 'equus pinnigeri calcaribus ictus amoris,' 'luna solis radiis percussa,' 'ventus insinuatus in nubes vortex versatur in arto et calidis acuit fulmen fornacibus intus,' die Stürme fechten ihren Kampf in den

Lüften aus, und anderes mehr. Wohl kann man sagen, das seien alles lediglich Personificationen, wie wir ihnen auch auf anderen Gebieten, die mit der Mythologie nichts zu thun haben, begegnen; besonders ist dies im letzten Kapitel der Fall. Thatsache aber ist, dass jene oben angeführten Metaphern mit Anschauungen, wie sie durch die Mythenbildung in die Religion hineingetragen wurden, sich berühren oder gar decken, und da Lucrez auch sonst sich nicht ganz loszumachen vermag von den alten religiösen Vorstellungen, so sehe ich nicht ein, warum nicht auch jene Metaphern auf solche Reminiscenzen zurückzuführen sein sollen. Jedenfalls aber bieten sie einen neuen Beleg für den engen Zusammenhang, in welchem das Gebiet der Mythologie und Metapher steht.

Die Betrachtung der in vorliegender Arbeit niedergelegten Metaphern hat uns zunächst gezeigt, welch grossen Raum dieser Tropus zu Lucrez' Zeiten in der lateinischen Sprache einnahm, und wie mannigfach die Abstufungen desselben waren von dem allergewöhnlichsten, alltäglichsten Bild bis zu den gewähltesten, packendsten Vergleichungen. Das gegenseitige Verhältnis der in den einzelnen Kapiteln zusammengestellten Metaphern, nach ihrer Zahl wie nach ihrem Wesen betrachtet, hat uns in die Entstehungs- und Entwicklungsgeschichte der Metapher eingeführt und von neuem die eminente Bedeutung dieses Tropus für den Gesamtbau der Sprache dargethan. Ferner sahen wir, dass die Metapher, wie die Sprache überhaupt, die Kraft hat, stetig zu wachsen, neue Zweige zu treiben, während andrerseits alte Zweige ihre Lebensfrische verlieren. Doch ist uns, wie ich nachgewiesen, die Fähigkeit gegeben, auch diese scheinbar in ihrer Kraft erstorbenen Triebe zu verjüngen, indem wir sie in eine neue Umgebung verpflanzen. Die Wirkung der Metapher ist, wie sich uns ergab, eine überaus vielseitige. Dient sie dem Philosophen Lucrez dazu, seinen Landsleuten die neue Lehre recht verständlich zu machen, so gibt sie ihm als Dichter die Mittel in die Hand die Rede poetisch auszuschmücken, und Dichter und Philosoph reichen sich die Hand, um mit Hülfe derselben das Gemüt des Hörers für die gefundenen Wahrheiten empfänglich zu machen. Dass aber die Metapher auch zu weniger erhabenen Zwecken benützt werden kann, beweist Plautus, der sie in den Dienst seiner derben Komik stellt. Wie ferner Metapher und Mythologie aus gemeinsamer Wurzel entsprossen, dafür glaube ich in den am Schlusse angeführten Stellen, wie in manchen anderen, welche dem aufmerksamen Beobachter nicht entgangen sein werden, neue Belege geliefert zu haben.

Es ist ein eng umschriebener Zeitraum und im wesentlichen nur ein Schriftsteller, den ich erschöpfend in den Kreis meiner Beobachtungen gezogen habe. Wenn nun auch trotzdem das gesammelte Material sich reichhaltiger gestaltete, als ich anfänglich vermutete, so liegt doch auf der Hand, dass ich in den auf dasselbe gestützten Folgerungen nicht allzuweit gehen durfte. Wohl war es mir gestattet auf den Sprachgebrauch des Dichters, ja auch seiner Zeit, Schlüsse zu ziehen; was darüber hinausgeht, bewegt sich wesentlich auf dem Gebiete der Hypothese. Sicher begründete Behauptungen werden hier erst möglich sein, wenn in gleicher Weise, wie es die vorliegende Arbeit mit Lucrez versucht, eine Reihe charakteristischer Schriftwerke und Schriftsteller von der ältesten Zeit bis zum Verfall der lateinischen Sprache auf ihren Metaphernschatz hin untersucht ist. Die Zeit, da eine solche übersichtliche Entwicklungsgeschichte gegeben werden kann, näher herbeizuführen, dazu will meine Abhandlung ihr bescheiden Teil beitragen. Als erwünschtes Endresultat aber schwebt mir eine Darstellung der Geschichte der Metapher überhaupt vor Augen, welche sich gründen müsste auf eine Vergleichung des Metaphernschatzes innerhalb der verschiedenen Cultursprachen[1]). Es müsste eine solche nicht nur, wie ich meine, auf den Charakter der einzelnen Völker, sondern auch auf die Geschichte der Sprache, ja der Entwicklung des Menschengeschlechts ein helles Licht werfen.

---

1) Einen schönen Anfang zur vergleichenden Tropik auf dem Gebiete der neueren Sprachen hat Brinkmann in seinem ebenso gründlichen als anziehend geschriebenen Buch: 'die Metaphern, Studien über den Geist der modernen Sprachen, Bonn 1878' gemacht.